Tobias Wilbrand

(Beziehungs-)Bildung

Tobias Wilbrand

(Beziehungs-)Bildung

Ein Kommunikationstraining nicht nur für Lehrkräfte

Trainerverlag

Impressum / Imprint

Bibliografische Information der Deutschen Nationalbibliothek: Die Deutsche Nationalbibliothek verzeichnet diese Publikation in der Deutschen Nationalbibliografie; detaillierte bibliografische Daten sind im Internet über http://dnb.d-nb.de abrufbar.

Alle in diesem Buch genannten Marken und Produktnamen unterliegen warenzeichen-, marken- oder patentrechtlichem Schutz bzw. sind Warenzeichen oder eingetragene Warenzeichen der jeweiligen Inhaber. Die Wiedergabe von Marken, Produktnamen, Gebrauchsnamen, Handelsnamen, Warenbezeichnungen u.s.w. in diesem Werk berechtigt auch ohne besondere Kennzeichnung nicht zu der Annahme, dass solche Namen im Sinne der Warenzeichen- und Markenschutzgesetzgebung als frei zu betrachten wären und daher von jedermann benutzt werden dürften.

Bibliographic information published by the Deutsche Nationalbibliothek: The Deutsche Nationalbibliothek lists this publication in the Deutsche Nationalbibliografie; detailed bibliographic data are available in the Internet at http://dnb.d-nb.de.
Any brand names and product names mentioned in this book are subject to trademark, brand or patent protection and are trademarks or registered trademarks of their respective holders. The use of brand names, product names, common names, trade names, product descriptions etc. even without a particular marking in this works is in no way to be construed to mean that such names may be regarded as unrestricted in respect of trademark and brand protection legislation and could thus be used by anyone.

Coverbild / Cover image: www.ingimage.com

Verlag / Publisher:
Der Trainerverlag
ist ein Imprint der / is a trademark of
OmniScriptum GmbH & Co. KG
Heinrich-Böcking-Str. 6-8, 66121 Saarbrücken, Deutschland / Germany
Email: info@verlag-trainer.de

Herstellung: siehe letzte Seite /
Printed at: see last page
ISBN: 978-3-8417-5080-8

Copyright © 2013 OmniScriptum GmbH & Co. KG
Alle Rechte vorbehalten. / All rights reserved. Saarbrücken 2013

Inhaltsverzeichnis

Vorwort 3

Teil 1: Grundlagen 5
   1. Lernen braucht funktionierende Beziehungen 5
   2. Was ist Kommunikation? 7
   3. Kommunikationssysteme 10
      3.1 Das verbale System 11
      3.2 Das paraverbale System 12
      3.3 Das nonverbale System 18
      3.4 Das extraverbale System 24
   4. Grundlegende Kommunikationsmodelle 27
      4.1 Das Sender-Empfänger-Modell: 27
      4.2 Die Kommunikationsaxiome von Paul Watzlawick 30
      4.3 Das Vier-Ohren-Modell nach Schulz von Thun 38
   5. Synchronisation 41
      5.1 Der Synchronisationsprozess 43
   6. Kommunikationsmuster 45
      6.1 Die Entstehung von Kommunikationsmustern 46
         5.1.1 Phase erster Wahrnehmungsorganisation 47
         5.1.2 Phase der Entstehung von Kommunikationsmustern 48
         5.1.3 Phase der Entwicklung von Intersubjektivität 50
         5.1.4 Phase des Spracherwerbs 50
      6.2 Die acht Kommunikationsstile nach Schulz von Thun 51
         6.2.1 Der bedürftig-abhängige Stil 55
         6.2.2 Der helfende Stil 58
         6.2.3 Der selbst-lose Stil 61
         6.2.4 Der aggressiv-entwertende Stil 65
         6.2.5 Der sich beweisende Stil 67

6.2.6 Der bestimmend-kontrollierende Stil 70

6.2.7 Der sich distanzierende Stil 73

6.2.8 Der mitteilungsfreudig-dramatisierende Stil 76

Teil 2: Umsetzung 79

1. Erkennen Sie Ihren Beitrag! 79

2. Machen Sie das Beste aus Ihren Möglichkeiten! 82

    8.1 Der helfende Kommunikationsstil 83

    8.2 Der bestimmend-kontrollierende Stil 85

    8.3 Der mitteilungsfreudig-dramatisierende Stil 86

    8.4 Der aggressiv-entwertende Stil 87

    8.5 Der sich beweisende Kommunikationsstil 88

    8.6 Der sich distanzierende Kommunikationsstil 90

    8.7 Der bedürftig-abhängige Kommunikationsstil 91

    8.8 Der selbstlose Kommunikationsstil 91

3. Gute Unterrichtsführung ist eine Frage der Einstellung 93

4. Instrumente erfolgreicher Beziehungsgestaltung 99

5. Gruppendynamik, Rollen und andere Fallstricke im System Unterricht 104

    11.1 Die systemische Perspektive 104

    11.2 Das System Unterricht 105

    11.3 Beziehung zur Gruppe entwickeln 107

    11.4 Gruppendynamik 109

        11.4.1 Positionen im Klassenverbund 110

4. Zusammenfassung 114

Teil 3: Anhang 116

(Beziehungs-)Bildung – ein Kommunikationstraining nicht nur für Lehrkräfte

Vorwort

Menschen lernen in Beziehungen! Diese Binsenweisheit ist inzwischen von allen relevanten Wissenschaften bewiesen worden. Die Pädagogik postuliert es schon lange, die Psychologie hat dies ebenfalls vor vielen Jahren erkannt und nun seit geraumer Zeit hat sogar die Neurobiologie eindeutige Belege für diese im Prinzip selbstverständliche Tatsache geliefert.

Leider hat diese Erkenntnis in vielen Fällen jedoch noch keinen Einzug in die praktische Ausgestaltung von Schule und Unterricht gefunden. Immer noch wird in der Ausbildung von Lehrern und der Gestaltung von Unterrichtskontexten ein stärkeres Augenmerk auf die fachlichen Aspekte als auf die Beziehungsaspekte gelegt. Lehrkräfte wissen um die Notwendigkeit positiver Beziehungsgestaltung, werden aber häufig mit der Umsetzung alleingelassen.

Die Inhalte dieses Buches basieren auf zwei Lehrerfortbildungen zur Körpersprache im Unterricht, die auf so fruchtbaren Boden gefallen sind, dass ich mich mit dem Verlag zusammen entschlossen habe, sie zu einem Buch auszuarbeiten.

Das Konzept fußt auf verschiedenen Ansätzen und Theorien der Kommunikationswissenschaften und soll Lehrern, Dozenten und anderen regelmäßig vor größeren Gruppen Vortragenden helfen, ihr eigenes Auftreten zu reflektieren. Das dabei gewonnene Wissen kann im Berufsalltag zur Optimierung der eigenen Wirkung auf Andere genutzt werden. Ich bin jedoch davon überzeugt, dass auch Menschen ohne entsprechenden beruflichen Hintergrund von meinen Ausführungen profitieren werden, da in vielen Berufen die eigene Wirkung und der Aufbau von Beziehungen von Bedeutung sind.

Im Rahmen dieses Buches habe ich darauf verzichtet, immer sowohl die weibliche, als auch die männliche Form für Personengruppen zu wählen, da ich einen Text, in dem zum Beispiel immer Schülerinnen und Schüler steht, für schwer lesbar halte. Stattdessen wechsle ich in der Beschreibung immer wieder zwischen der männlichen und weiblichen Form und versuche, dabei einigermaßen ausgewogen zu verteilen. Ich hoffe meine Leserinnen sehen mir dies nach.

Sie werden in den einzelnen Kapiteln immer wieder kleinere Übungen finden, die Ihnen die Erarbeitung der Inhalte erleichtern sollen. Diese sind durch entsprechende Formatierungen und Kästen deutlich vom Text abgehoben. Entsprechende Bearbeitungshinweise finden Sie im Anhang.

Nun wünsche ich Ihnen viel Spaß und einen großen Erkenntniszuwachs beim Lesen dieses Buches.

Egelsbach, 01.11.2013

Tobias Wilbrand

Teil 1: Grundlagen

1. Lernen braucht funktionierende Beziehungen

Als Lehrkräfte ist es unsere Hauptaufgabe, Menschen beim Lernen zu begleiten. Lernen ist eine soziale Leistung. Die moderne Neurobiologie, in Deutschland prominent vertreten durch den Göttinger Professor Gerald Hüther, weist darauf hin, dass ein großer Teil unseres Lernprozesses über die so genannten Spiegelneuronen verläuft. Das heißt, wir lernen viel stärker über das Beobachten von Vorbildern, als über das Erlernen theoretischen Wissens. Die Verschaltungsmuster in unserem Gehirn sind demnach ein soziales Produkt. Oder anders formuliert: Wir lernen in Beziehungen. Gelungene Beziehungen fördern das Lernen, misslungene Beziehungen behindern es.

Der entwicklungsgeschichtlich jüngste Teil unseres Gehirns ist der Frontallappen. Hier werden unsere Verhaltensmuster, unsere Wertvorstellungen und soziale Interaktionen entwickelt und gespeichert. Damit unser Gehirn diese Verschaltungsmuster speichern kann müssen drei Bedingungen erfüllt sein:

1. Vertrauen in die eigenen Fähigkeiten: Ein Mensch muss sich in der Lage fühlen, eine neue Situation bewältigen zu können. Eine erfolgreiche Unterrichtsgestaltung beginnt also damit, dass der Schüler oder die Schülerin das Gefühl vermittelt bekommt, dass man ihr oder ihm die Erarbeitung der Inhalte zutraut.

2. Vertrauen, dass es im Zweifelsfall jemanden gibt, den man fragen kann: Das soziale Gefüge um den oder die Lernende herum muss stabil sein. Hierfür sind im Unterrichtskontext die Lehrkräfte mit ihren Beziehungsangeboten verantwortlich.

3. Vertrauen in das Leben, dass es schon irgendwie gut geht: Dieses so genannte Urvertrauen kann im Rahmen von Schule in der heutigen Form nicht entwickelt werden. Dies ist meist Aufgabe der Familien.[1]

Nun können Lehrkräfte nicht Eltern oder andere frühkindliche Bezugspersonen ersetzen. Dennoch ist es für eine erfolgreiche Wissensvermittlung unablässig, vertrauenswürdige und verlässliche Beziehungen aufzubauen. Gerade bei Jugendlichen und jungen Erwachsenen ist es wichtig, dass sie ein Gefühl von Wertschätzung und Wohlwollen erleben, das auch durch etwaiges Fehlverhalten nicht so leicht erschüttert wird. Nicht selten wird diese Verlässlichkeit ausgetestet, bevor man der Lehrkraft seine Aufmerksamkeit schenkt.

Übung 1.1

Überlegen Sie einmal, ob Sie ähnliche Erfahrungen gemacht haben. Stellen Sie sich dazu folgende Fragen:

1. Haben Teilnehmer an meinem Unterricht schon einmal zu Beginn eines Kurses oder eines Schuljahrs getestet, wieweit mein Wohlwollen ihnen gegenüber geht?
2. Wie habe ich darauf reagiert?
3. Was hat sich daraus entwickelt?

Erfolgreiches Lernen bedarf außerdem einer Grundlage, an die das neu vermittelte Wissen anknüpfen kann. Die Währung, in der unser Gehirn diese Erkenntnisse abspeichert, sind Emotionen. Positive Emotionen lassen uns Dinge leichter lernen. Positive Beziehungen bieten demnach den notwendigen Rahmen für gute Wissensvermittlung. Als Lehrkraft sollten Sie deshalb um eine tragfähige Beziehung mit positiver emotionaler Prägung bemüht sein, die das Gehirn nicht überfordert und eine verlässliche Bindung ermöglicht, damit das vermittelte Wissen entsprechend abgespeichert werden kann.

---

[1] Vgl. Gerald Hüther: Brainwash – Einführung in die Neurobiologie für Pädagogen, Therapeuten und Lehrer. DVD. Auditorium Verlag. Mühlheim, 2006.

Doch leichter gesagt als getan. Der Aufbau solcher Beziehung ist eine komplizierte Angelegenheit, die bisweilen trotz bestem Willen nicht so funktioniert, wie man sich das vorgestellt hat.

Beziehungsbildung geschieht über Kommunikation, und Kommunikation ist ein sehr komplexer Vorgang. Wer versteht, wie Kommunikation funktioniert und wie sich über Kommunikation Beziehungen etablieren, hat gute Chancen, diesen Prozess bewusst und aktiv zu gestalten. Deshalb werden wir uns dem Thema Unterrichtsgestaltung aus der Perspektive der Kommunikation und ihres Einflusses auf die Beziehungsbildung nähern.

2. Was ist Kommunikation?

„Dürfte ich das Unwort des Zeitalters bestimmen, so käme nur eines in Frage: kommunizieren. Ein Autor kommuniziert nicht mit seinem Leser. Er sucht ihn zu verführen, zu amüsieren, zu provozieren, zu beleben. Welch einen Reichtum an (noch lebendigen) inneren Bewegungen und entsprechenden Ausdrücken verschlingt ein solch brutales Müllschluckerwort! Mann und Frau kommunizieren nicht miteinander. Die vielfältigen Rätsel, die sie einander aufgeben, fänden ihre schalste Lösung, sobald dieser nichtige Begriff zwischen sie tritt. Ein Katholik, der meint, er kommuniziere mit Gott, gehört auf der Stelle exkommuniziert. Zu Gott betet man, und man unterhält nicht, sondern man empfängt eine Heilige Kommunion. All unsere glücklichen und vergeblichen Versuche, uns mit der Welt zu verständigen, uns zu berühren und zu beeinflussen, die ganze Artenvielfalt unserer Erregungen und Absichten fallen der Ödnis und der Monotonie eines soziotechnischen Kurzbegriffs zum Opfer. Damit leisten wir dem Nichtssagenden Vorschub, das unsere Sprache mit großem Appetit auffrisst." [2]

Botho Strauß (*Der Untenstehende auf Zehenspitzen*, 2004)

---

[2] Botho Strauß: Der Untenstehende auf Zehenspitzen. Hanser. München, 2004, S.41.

Sicher ein sehr hartes Urteil. Jedoch wird deutlich, dass wir unter dem Begriff der Kommunikation eine Vielfalt von Handlungen, Wahrnehmungen und Regungen zusammenfassen.

> *Übung 2.1*
> Machen Sie sich doch – bevor Sie weiterlesen – einen Moment Gedanken darüber, wie Sie Kommunikation definieren würden.

Das Wort Kommunikation stammt aus dem Lateinischen. Die Bedeutung von *communicare* reicht von teilen, mitteilen über teilnehmen lassen und gemeinsam machen bis hin zu vereinigen. Der Schwerpunkt liegt im lateinischen Ursprungsbegriff, also auf dem Gemeinsamen. *Communio* wurde auch als Wort für den Geschlechtsakt benutzt. Im Deutschen hat das Wort eine spezifischere Bedeutung erlangt. Nach dem neuen Brockhaus ist Kommunikation... *„die Verständigung untereinander, Austausch von Informationen zwischen Menschen, zwischen Tieren und zwischen Menschen und Tieren, auch zwischen Menschen und technischen Einrichtungen [...]sowie innerhalb technischer Einrichtungen. Die Kommunikation geschieht durch Übermittlung von Zeichen (gesprochener oder geschriebener Sprachen, Äußerungen, Gestikulation, Abgabe von Signalen) und erfordert besonders zwischen Menschen, dass die Kommunikationspartner jeweils den Sinn der übermittelten Zeichen verstehen."*[3]

Kommunikation hat also etwas mit dem Austausch von Informationen zu tun. Dazu gehören mindestens zwei Einheiten oder Kommunikationspartner. Es werden Inhalte mithilfe von Signalen wie Sprache, Zeichen, Gesten oder Ähnlichem übermittelt.

Damit die Kommunikation gelingt, müssen beide Kommunikationspartner die übermittelten Signale verstehen, das heißt über denselben Zeichenvorrat verfügen, sonst wird der Informationsaustausch schwierig. Wie zum Beispiel, wenn sie einen Faxanruf mit einem Telefon entgegengenommen haben.

---

[3] Der Neue Brockhaus. 6. Auflage. F.A. Brockhaus. Wiesbaden, 1979. Band 3. S. 198.

Für die weitere Auseinandersetzung mit der Thematik wollen wir also Kommunikation als Prozess des Austauschs von Informationen verstehen. Die Informationen werden zwischen einer sendenden und empfangenden Einheit mittels Signalen oder Zeichen ausgetauscht, die beide Kommunikationspartner verstehen. Dazu müssen sie zumindest auf einen ähnlichen Zeichenvorrat zurückgreifen können, sonst kann dies zu erheblichen Missverständnissen führen. Ein Austausch von Informationen findet in fast jedem Moment unseres Lebens statt. Die Zellen in unserem Gehirn kommunizieren miteinander, während wir diesen Text lesen, wir führen einen inneren Dialog, wenn wir uns mit dem Gelesenen auseinandersetzen und gleichzeitig findet ein Informationstransfer von mir als Autor zu Ihnen als Leser statt. Wenn Sie mehr wissen wollen, nutzen Sie die so genannten Kommunikationsmedien und schlagen in Büchern nach oder gehen ins Internet.

Auch über die menschliche Natur hinaus findet Kommunikation zwischen Tieren, einfachen Organismen und sogar zwischen Pflanzen statt. So kann es weder überraschen, dass sich unsere vorläufige Definition von Kommunikation nicht mit allen Vorstellungen und Modellen zu diesem Thema deckt, noch, dass der Informationsaustausch schon seit langem Forschungsgegenstand verschiedenster Wissenschaften ist.

Schwerpunkt dieses Buches ist die zwischenmenschliche Kommunikation und zwar im direkten Austausch ohne weitere Kommunikationsmittel oder -medien. Im Speziellen geht es um das Übermitteln von Informationen durch eine Person an eine Gruppe, wie es im Unterricht normalerweise der Fall ist.

Doch bevor wir uns mit dieser Konstellation intensiver auseinandersetzen, sollten wir zunächst einen Blick auf die Grundlagen werfen.

3. Kommunikationssysteme

Im vorangegangenen Abschnitt ist bereits deutlich geworden, dass Kommunikation im zwischenmenschlichen Bereich ein sehr komplexer Vorgang ist. Dies liegt daran, dass wir nicht nur über Sprache kommunizieren, sondern eine Reihe anderer so genannter Kommunikationssysteme besitzen, die wir zum Austausch von Informationen nutzen. Die über die Sprache hinausgehenden Kommunikationsmittel werden jedoch selten reflektiert. In diesem Buch ist das anders.

Übung 3.1

Nehmen Sie sich doch bitte einmal die Zeit, die Kommunikationsmittel zu sammeln, die Ihnen außer der Sprache einfallen und vergleichen Sie Ihre Ergebnisse mit den folgenden Ausführungen.

Der amerikanische Psychologe und Soziolinguist Albert Mehrabian hat in einer Aufsehen erregenden Studie von 1972 die Bedeutung der so genannten nonverbalen Kommunikation herausgearbeitet. Er analysierte dabei die Entstehung von Urteilen über Einstellungen und Persönlichkeit der Kommunikationspartner und fand heraus, dass nur etwa 7 % der emotionalen Bedeutung einer Botschaft, also die eigentlich Beziehung bildenden Aspekte, über den expliziten verbalen Kanal transportiert werden. Vor allem beim ersten Eindruck, aber auch in der weiteren unmittelbaren Kommunikation, werden emotionale Botschaften und Eindrücke hauptsächlich über andere Kanäle vermittelt.

Im Einzelnen kommt Mehrabian zu folgendem Ergebnis:

- Etwa 7 % der Informationen werden über das **verbale System** transportiert. Dass heißt, die inhaltliche Informationsübermittlung durch Sprache, der wir den größten Teil unserer bewussten Wahrnehmung widmen, macht nur einen Bruchteil der tatsächlich übermittelten Information aus.

- Weitere 38 % werden durch das so genannte **paraverbale System**, also Stimme, Tonfall, Lautstärke, Sprechgeschwindigkeit etc., übermittelt.
- Die restlichen 55 % teilen sich das **nonverbale System**, das heißt Gestik, Mimik, Körpersprache usw., und das **extraverbale System**, das Signale wie Kleidung, Timing, Kontext, etc. umfasst.[4]

Um die Bedeutung der verschiedenen Systeme richtig zu verstehen, wollen wir uns mit ihnen näher beschäftigen.

3.1 Das verbale System

Sprache ist eine sehr komplexe und differenzierte Möglichkeit Informationen zu übermitteln. Durch ihren umfangreichen Zeichenvorrat und die aufwendige Grammatik, die beide erst verhältnismäßig spät erlernt werden, brauchen wir sehr viel Aufmerksamkeit für diesen Kanal. Deshalb dominiert dieses Medium unsere bewusste Kommunikation. Wir müssen also sehr genau hinhören, was uns mitgeteilt wird, um die Botschaft zu dekodieren.

Dadurch, dass Sprache und Schrift, die beiden wichtigsten Aspekte des verbalen Systems, während der Kommunikation im Zentrum unserer Aufmerksamkeit stehen, werden Informationen, die über diese Kanäle vermittelt werden, sehr stark kontrolliert. Das heißt, zum einen werden wir in der Regel auf das festgelegt, was wir sagen und schreiben, und zum anderen werden wir genau darauf achten, was wir über diesen Kanal so von uns geben.

Die Fähigkeit, mithilfe von Schrift Informationen über Generationen zu erhalten, hat für die Menschheit eine große Bedeutung. Schrift macht Kommunikation über weite Entfernung und über lange Zeiträume möglich. Außerdem objektiviert sie Information, denn „was schwarz auf weiß geschrieben steht, das kann man getrost nachhause tragen."

Im Wesentlichen ist die verbale Ebene stark mit den offensichtlichen und bewussten Inhalten einer Botschaft verknüpft. Aber auch Beziehungshinweise

---

[4] Albert Mehrabian: Nonverbal Communication. Walter De Gruyter Inc. Chicago, 1972.

und Aspekte der Selbstkundgabe können hier übermittelt werden. So werden das häufige Nutzen von Konjunktiven und Worten wie „vielleicht", „möglicherweise" usw. einen anderen Eindruck hinterlassen als Imperative und Du-Sätze.

> *Übung 3.2:*
> Überlegen Sie einmal was es bedeutet, wenn Sie eine Kollegin fragt: „Könnten Sie mich möglicherweise, wenn es Ihnen nichts ausmacht und keine allzu großen Umstände macht, morgen in meiner Klasse vertreten. Die Schülerinnen und Schüler werden auch ganz, ganz lieb sein." Sie brauchen keine weiteren paraverbalen oder nonverbalen Signale, um den Braten zu riechen.

Lehrerinnen und Dozenten sind häufig auf der verbalen Ebene gut geschult und sind in der Lage, Sprache angemessen einzusetzen. Dennoch gilt es, einige Dinge zu beachten.

Wichtig ist es in jedem Unterricht, vor allem aber im Umgang mit Kindern, Jugendlichen und jungen Erwachsenen eine Sprache zu finden, die auf der einen Seite die Zuhörer erreicht, auf der anderen Seite aber die hierarchische Beziehung zwischen Lehrerkraft und Schülern nicht außer Kraft setzt. Hinzu kommen verbale Aspekte, die Beziehungsangebote auf der Basis bestimmter Kommunikationsmuster machen, und somit einen Faktor im Beziehungsaufbau darstellen. Hierzu kommen wir später im Kapitel über die Beziehungsmuster.

3.2 Das paraverbale System

Mehr Informationen zur Beziehung und zu Emotionen werden über das so genannte paraverbale System kommuniziert, das Aspekte wie Stimme, Tonfall oder Lautstärke umfasst. Nicht umsonst sagt der Volksmund: „Der Ton macht die Musik." In dieser Redewendung wird zum Ausdruck gebracht, dass der Tonfall und andere paraverbale Signale darüber entscheiden, wie eine Botschaft vom Empfänger aufgenommen wird.

Meist erfährt man mehr über den Gemütszustand und die Einstellung eines Menschen, wenn man auf seine paraverbalen Signale achtet. Wenn Sie laut werden, wird man Ihnen eine gewisse emotionale Erregung zuschreiben, stottern Sie, führt man das auf Unsicherheit zurück. Und wenn Sie schnell sprechen, wird man vermuten, dass Sie entweder aufgeregt sind oder etwas zu verbergen haben.

Besonders wichtig für das paraverbale System ist die **Stimmbildung:**

- **Deutlichkeit:** Dass man Sie nicht versteht, wenn Sie vor sich hin nuscheln, ist offensichtlich. Eine deutliche Aussprache ist also Grundvoraussetzung für gelungene Kommunikation. Undeutliches Sprechen sagt aber auch etwas über den Sprecher. Es kann Unsicherheit signalisieren und Aggressionen auslösen, da man gezwungen wird, sehr genau hinzuhören. Ein solcher Sprecher wird dann häufig als Stoffel tituliert. Dies gilt insbesondere dann, wenn man frei vor einer Gruppe redet.

- **Stimmlage:** Die Stimmlage ist abhängig von der Tonhöhe, der Frequenz, mit der die Stimmbänder zur Schwingung gebracht werden. Jeder Mensch hat eine eigene Stimmlage, die er aber variieren kann. Es gibt Stimmlagen, die als angenehm oder gar seriös, andere die als unangenehm oder naiv wahrgenommen werden. Eine hohe, fistelnde Stimme wirkt häufig unangenehm und affektiert, eine tiefe, sonore Stimme glaubwürdig und Vertrauen erweckend. Auch wenn niemand etwas für seine Stimmlage kann, ist die Tatsache, dass wir gewisse Stimmlagen mit Charakterzügen in Verbindung bringen, einem Wahrnehmungsmuster geschuldet. Das heißt, die Einordnung der Person auf der Basis ihrer Stimme beruht auf Erfahrung. Es gibt demnach eine Verbindung zwischen Stimmlage und Charakterzügen. Lehrer mit einer tiefen Stimme haben es auch deshalb oft einfacher, weil ihnen die Schülerinnen unbewusst mehr natürliche Autorität zuschreiben.

> **Übung 3.3**
> Nehmen Sie sich einen Moment Zeit und überlegen, welche Stimmlage Sie haben, und welche Charakterzüge man Ihnen deswegen zuschreiben könnte.

Diese eher generellen Aspekte der nicht-inhaltlichen, hörbaren Bestandteile des Sprechens werden im paraverbalen System ergänzt durch **dynamische Komponenten**. Hier spielen vor allem folgende Faktoren eine Rolle:

- **Lautstärke:** Es macht einen deutlichen Unterschied, ob man Ihnen etwas im Vertrauen zuflüstert oder sie anschreit. Sehr häufig wird über die Lautstärke der Erregungszustand einer Person übermittelt. Sie geht meist einher mit dem entsprechenden Tonfall. Lautes Sprechen steht für eine Raum einnehmende, aggressive oder wütende Haltung. Leises Sprechen signalisiert meist Vertrauen oder Geheimnisse, kann allerdings auch als unterschwellige Aggression wahrgenommen werden, wenn ein gepresster Tonfall hinzukommt. Veränderungen in der Lautstärke können auch bewusst und dezent z. B. in einem Vortrag genutzt werden, um etwas zu betonen.

  Viele Dozentinnen und Lehrer neigen dazu, in einer lauten Gruppe selbst laut zu sprechen, um die Lautstärke der Teilnehmerinnen oder Schüler zu übertönen. Unbewusst kommt es somit zu einem Lautstärkewettstreit, der für den Dozenten nicht zu gewinnen ist. Es empfiehlt sich deshalb, bei einer lauten Klasse, eher leiser zu werden oder einen Moment nichts zu sagen. Die Erfahrung zeigt, dass diese Strategie bessere Chancen hat, weil Sie durch den Überraschungseffekt die Aufmerksamkeit der Gruppe zurückgewinnen können. Leider wird dies jedoch nicht dauerhaft funktionieren, weil sich dieser Effekt leicht verbraucht.

- **Betonung:** Die Betonung ist eine bewusste Variation der Lautstärke und wird genutzt, wenn der Redner etwas hervorheben will. Unterschiedliche Betonungen können sogar den gesamten Sinn eines Wortes oder gar eines Satzes verändern. Es ist unschwer zu erkennen, dass es einen Unterschied macht, ob Sie der Fahrlehrer fragt: „Können Sie das Straßenschild umfáhren?" oder „Können Sie das Straßenschild úmfahren?" Ohne die Akzentuierung wäre der Unterschied nur über den Kontext zu erkennen.

Wird etwas betont ausgesprochen, so bekommt es einen besonderen Gehalt im Gesamtkontext. Eine Aneinanderreihung von Betonungen führt dann zum Sprachrhythmus, über den wir uns gleich noch ein paar Gedanken machen werden. Wenn man solche Betonungen aufgrund von sprachlichen Schwierigkeiten nicht genau mitbekommt, kann man einen Satz komplett missverstehen, weil man zum Beispiel die Ironie nicht herausgehört hat. Für den Unterricht und andere Vortragsituationen ist es durchaus sinnvoll, wichtige Inhalte bewusst zu betonen. Es wertet die betonten Inhalte auf, erregt zusätzliche Aufmerksamkeit bei den Zuhörerinnen und gibt dem Vorgetragenen eine eigene Melodie.

- **Sprechgeschwindigkeit:** Ein weiterer dynamischer Faktor der Sprache ist die Sprechgeschwindigkeit. Ein Mensch, der langsam spricht, wirkt meist überlegt und beherrscht. Übertreibt man es jedoch mit der Langsamkeit, dann bekommt der Zuhörer das Gefühl, er wird für blöd gehalten. Im besten Fall schaltet er nur ab. Im Extremfall fühlt er sich beleidigt.

  Ein schnell sprechender Mensch wirkt meist nervös und fahrig. Durch ein solches Verhalten kann er Aggressionen bei seinen Zuhörern auslösen.

  Vor allem beim Vortragen schriftlicher Manuskripte spielt die Geschwindigkeit eine Schüsselrolle. Beim Vorlesen von Texten neigen die meisten Menschen nämlich zu einer zu hohen Sprechgeschwindigkeit.

- **Zahl und Länge der Pausen:** Auch Anzahl und Länge der Pausen lassen Rückschlüsse auf die Intention des Sprechers zu. Gute Redner lassen vor oder nach wichtigen Punkten ihrer Rede Pausen, um das Gesagte wirken zu lassen. Pausen heben die Bedeutung des Gesagten hervor. Einer der Redner, die dies bis zur Perfektion beherrschte, war Martin Luther King.

Unpassende Pausen gelten hingegen als Zeichen von Unsicherheit oder fehlender Struktur. Außerdem gibt es kulturelle Unterschiede beim Setzen von Pausen zwischen zwei Redebeiträgen. Während man in Deutschland erwartet, dass man ausreden darf, wird im südlichen Europa häufig schon in den Satz hineingesprochen, ohne dass jemand daran Anstoß nimmt. In orientalischen Ländern wie Indien wird zwischen dem einem und dem anderen Redebeitrag aus Höflichkeit sogar eine Redepause eingehalten.

Alle diese Komponenten bilden zusammen ein Gesamtbild. Aus diesem Gesamtbild filtert der Empfänger der Botschaften nicht stimmige Aspekte heraus und setzt den Rest zu einem Eindruck über den Redner zusammen. Die einzelnen Bausteine werden dabei zu größeren Elementen zusammengesetzt, um daraus Rückschlüsse zu ziehen. Folgende zusammengesetzte Elemente spielen eine hervorgehobene Rolle:

- **Tonfall:** Über die Stimmlage und ihre Variationsmöglichkeiten haben wir uns bereits Gedanken gemacht. Die Variationen einer Stimmlage werden meist als Tonfall wahrgenommen. Das heißt, durch die Veränderung der Tonhöhe in Kombination mit der Lautstärke können wir demselben Satz unterschiedliche Bedeutungen geben. Der Tonfall spiegelt meist die Gemütslage des Redners sowie die Beziehung zum Kommunikationspartner wieder und ist eines der Elemente des paraverbalen Systems, das am ehesten bewusstseinsfähig ist. Bis zu einem gewissen Grad ist das Wissen um diese Signale angeboren. Das lässt sich unter anderem daraus schließen, dass bereits Neugeborene sich durch sanften und liebevollen Tonfall beruhigen lassen und weinen, wenn Sie angeschrien werden. Allerdings verfeinern wir diese Fähigkeiten im Laufe unseres Lebens, so dass uns im Erwachsenenalter häufig schon Nuancen im Tonfall auffallen.

  Da der Tonfall sehr stark bewusstseinsfähig ist, kann man durch gezieltes Training dieses Element der Kommunikation besser einsetzen.

> **Übung 3.4**
> Versuchen Sie nun bitte, verschiedene Variationen Ihres Tonfalls bewusst einzusetzen. Wiederholen Sie folgenden Satz in verschiedenen Variationen:
> *„So kann es nicht weitergehen!"*
> Dabei können Sie folgende Variationen nutzen:
> Wütend, verzweifelt, verständnisvoll, ängstlich

- **Rhythmus:** Aus Betonung, Pausen und Sprechgeschwindigkeit entsteht ein Sprachrhythmus oder Sprachfluss, der vor allem bei längeren Monologen entscheidend dazu beiträgt, ob die Zuhörer dem Vortrag noch folgen können. Insbesondere beim Vortrag von Gedichten wird deutlich, dass ein gelungener Sprechrhythmus entscheidend zur Wirkung des Gesagten beitragen kann.

  Faktoren, die den Sprachrhythmus negativ beeinflussen, sind die so genannten Füllwörter, wie „Äh", „Ähm" „also" oder „und". Werden sie gehäuft eingesetzt, führt dies zu einem sehr holprigen Sprachfluss. Auf der anderen Seite ist es sehr schwierig, einem Menschen über einen längeren Zeitraum zuzuhören, wenn er nahezu druckreif spricht, ohne jegliche Kunstpause oder Satzfüller. Ein natürlicher Sprachfluss mit gelegentlichen Füllwörtern ist demnach für die meisten Zuhörer optimal. Ein zu kunstvoll gestalteter Vortrag wirkt zwar gebildet und eloquent, birgt allerdings die Gefahr, dass man in einem Rhythmus verfällt, dem der Zuhörer nicht mehr folgen kann.

- **Satzmelodie:** Nimmt man Sprechrhythmus, Tonfall und Stimmlage zusammen, so kann man eine Satzmelodie ausmachen, die den Gesamteindruck aller stimmlichen, paraverbalen Elemente ausmacht. Eine gelungene Satzmelodie wird jedoch meist erst im künstlerischen Bereich relevant.

> **Übung 3.5**
>
> Lassen Sie Ihre Schülerinnen und Schüler noch Gedichte vortragen? Neben der Schulung des Gedächtnisses und der Entwicklung eines Feingefühls für gute Sprache, werden dabei auch die Stimme und das ganze paraverbale System trainiert.
>
> Versuchen Sie es doch selbst einmal und tragen Sie ein Gedicht laut vor. Sie werden feststellen, wie schwer es ist, die Stimme wirklich gezielt einzusetzen.

Wir haben nun erfahren, dass es sehr viele unterschiedliche Elemente im paraverbalen System gibt, die vor allem Informationen über Charaktereigenschaften und Gemütslage des Redners vermitteln oder etwas über die Beziehung zwischen den Kommunikationspartnern preisgeben. Wir haben gelernt, dass diese Elemente fast 40 % der beziehungsrelevanten Informationen übermitteln, die während der Kommunikation ausgetauscht und nur bedingt bewusst verarbeitet werden.

3.3 Das nonverbale System

Besonders wichtig für unser Thema ist das nonverbale System. Hier findet der größte Teil der Beziehungsbildung statt. Außerdem gibt es wesentliche Informationen über den inneren Zustand des Gesprächspartners preis.

Die **Körpersprache** ist entwicklungsgeschichtlich eine sehr alte Form der Kommunikation. Kommunikationsmedium ist im Wesentlichen die Muskulatur. In der Körpersprache werden nämlich grundsätzliche Lebenseinstellungen durch muskuläre An- bzw. Entspannung genauso widergespiegelt, wie spontane Erregungszustände und die Beziehung zwischen den Kommunikationspartnern. Das heißt, die Schaltzentrale des Gehirns setzt emotionale Zustände um, die durch Wahrnehmung, Erinnerungen oder Einschätzungen von Situationen bedingt sind, und gibt der Muskulatur des Haltungsapparates, der Arme und Beine oder des Gesichts, Anweisung, eine bestimmte Haltung einzunehmen oder einen bestimmten Ausdruck zu zeigen. Es handelt sich bei der

Körpersprache demnach um einen sehr komplexen Ablauf, in dem mehrere Instanzen unseres Körpers miteinander vernetzt werden müssen, um eine Botschaft zu übermitteln. Vor diesem Hintergrund ist es umso unglaublicher, dass das dadurch entstandene Signal meist sogar kulturübergreifend verständlich ist und deshalb auch entsprechend gedeutet werden kann.

Diese Form der Kommunikation ist Menschen wahrscheinlich zum größten Teil angeboren. Sie verläuft unbewusst und ist nur bedingt steuerbar. Oder ist es Ihnen schon einmal gelungen, eine Errötung zu stoppen? Selbst geübte Pantomimen oder Schauspieler sind nicht in der Lage, ihre Körpersprache direkt zu steuern. Um glaubhaft eine Rolle spielen zu können, müssen sie sich in die Rolle hineinversetzen, zur dargestellten Person werden, anstatt nur so zu tun als ob. Sie nehmen den emotionalen Zustand und die entsprechende innere Haltung an, damit sie sich in ihrer äußeren Haltung widerspiegelt.

Der Mensch hat für die nonverbale Kommunikation in der Regel drei Medien. Diese sind:

- **Mimik:** Die Muskulatur in unserem Gesicht ist sehr stark ausgeprägt und differenziert. Vor allem Stirn, Augenpartie und Mund können im Zusammenspiel eine Vielzahl von Signalen senden und äußerst differenziert kommunizieren. Durch ein Lächeln signalisieren wir eine freundliche und offene Haltung, zusammengepresste Augen und ein aufgerissener Mund werden meist als Signal für Schmerzen verstanden. Diese Signale versteht jeder an jedem Ort der Welt. Es ist eine universelle menschliche Sprache und wir verstehen sie unmittelbar und meist unmissverständlich.

Übung 3.6

Wir Menschen können kulturübergreifend acht Gesichtsausdrücke fehlerfrei erkennen. Versuchen Sie sich mal an den folgenden acht Gesichtsausdrücken:

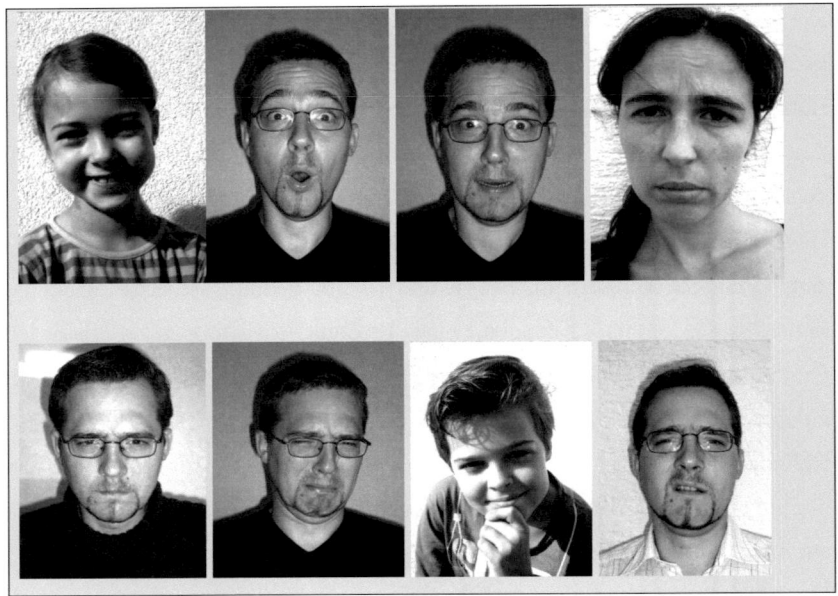

Die acht Gesichtsausdrücke, die jeder Mensch ab einem gewissen Alter kulturübergreifend erkennen kann, sind: Freude, Überraschung, Angst, Traurigkeit, Wut, Ekel, Interesse, Verachtung.

Mimik ist etwas, was wir nur schwer steuern können. Wir nehmen häufig wahr, was wir mit unserem Gesicht ausdrücken, können es aber kaum verhindern. So wissen wir, dass wir mit unserem Gähnen unserem Gesprächspartner signalisieren, dass uns sein Beitrag langweilt, das Gähnen selbst können wir aber trotzdem nicht unterdrücken. Auch können die meisten Menschen ein echtes von einem falschen Lächeln leicht unterscheiden. Für Vorträge vor einem großen Plenum spielt die Mimik eine untergeordnete Rolle, da die Entfernungen zwischen Zuhörerinnen und Vortragender häufig so groß sind, dass die Mimik nur sehr begrenzt wahrgenommen wird. In kleineren Gruppen oder wenn der Dozent seinem Publikum näher tritt, kann die Mimik zu einem wertvollen Instrument werden.

- **Gestik:** Auch unsere Arme und Hände sind wichtige Kommunikationswerkzeuge. In Deutschland nutzen wir sie zwar lang nicht so intensiv, wie z. B. rund um das Mittelmeer. Aber auch bei uns sind kleine Gesten durchaus wirkungsvolle Kommunikationsmittel. Wir sollten im Zusammenhang mit Gesten, also Bewegungen von Fingern, Händen und Armen zwischen zwei Arten unterscheiden. Zum einen lernen gute Redner gezielt Gesten einzusetzen, um zum Beispiel wichtige Punkte zu unterstreichen oder Offenheit zu signalisieren.

Zum anderen gibt es eine Vielzahl kleiner, oft flüchtiger Gesten, die für die Beziehungsbildung in der Kommunikation von großer Bedeutung sind. So signalisiert ein Lehrer, der seiner Schülerin die Hand auf den Arm legt, zum einen Schutz und hemmt zum anderen ihre Bewegungsfreiheit. Dies ist eine typische Geste für einen autoritären Lehrer, der sich als Patriarch zwar für das Wohl seiner Schülerinnen verantwortlich fühlt, aber gleichzeitig „auf allem die Finger hat". Aber auch die Frau, die sich im Gespräch mit einem Mann wiederholt durchs Haar fährt, gibt Interesse an ihrem Gegenüber zu verstehen. Wir geben also durch solche kleinen, meist unbewussten Gesten etwas von uns preis und regulieren das Verhältnis mit unseren Gesprächspartnern.

Übung 3.7

Analysieren Sie doch einmal das vorliegende Bild und überlegen sich, was diese Gesten Ihnen über die beiden Personen und ihre Beziehung sagen.

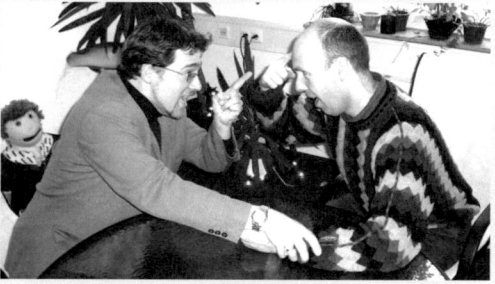

- **Haltung:** Der dritte Kanal, über den wir nonverbal in erheblichem Maße kommunizieren, ist unsere Körperhaltung. Viele Menschen meinen die Haltung, wenn sie von Körpersprache im Allgemeinen sprechen. Gemeint sind zunächst die allgemeine Körperspannung und die damit verbundenen Abweichungen vom geraden und aufrechten Gang. Dabei spielen Elemente wie die Haltung des Rückens, der Brust und der Schultern, der Gang oder die Betonung einer Körperhälfte wichtige Rollen. Mit Hilfe dieser Informationen schließen wir häufig auf die Persönlichkeit eines Menschen. Für Vortragende ist dieser Kanal neben den paraverbalen Elementen das wichtigste beziehungsbildende Kommunikationsinstrument. Häufig beeinflusst unsere Körperhaltung schon bevor wir anfangen zu reden, entscheidend die Aufnahmebereitschaft und den Autoritätsvorsprung, den man uns gewährt.

Darüber hinaus können wir aus der Haltung, die zwei Menschen innerhalb einer Kommunikation zueinander einnehmen, etwas über deren Beziehung erfahren. Ein angehobenes Knie, verschränkte Arme oder zur Schau gestellte Handinnenflächen sind zum Beispiel Signale für das Bedürfnis nach einer größeren Distanz. Die Position, die wir gegenüber einem Gesprächspartner einnehmen, wird von unserem Empfinden für die Situation bestimmt. Das Gehirn setzt diese Information dann in Haltung und Handlung um.

Möglicherweise ist die Art und Weise wie wir unseren Körper in Beziehung zu unseren Kommunikationspartnern stellen, die älteste Kommunikationsform überhaupt. Sogar viele Tierarten haben hier eine sehr eindeutige Sprache entwickelt.

Übung 3.8

In diesem Bild geht es um die Haltung. Wie stehen die Beiden zueinander?

Körpersprache bedeutet aber noch mehr als das. So signalisieren wir durch eine stärkere Durchblutung des Gesichts z. B. Scham oder Erregung. Wir kommunizieren mit der Erweiterung unserer Pupillen, der Rötung unserer Haut oder der Feuchtigkeit unserer Augen. Und wir beeinflussen die Kommunikation durch die Nähe bzw. Distanz, die wir zu unserem Gesprächspartner einnehmen.

Es zeigt sich also, dass allein die nonverbale Kommunikation ein sehr komplexes Feld darstellt. Allerdings ist es nahezu unmöglich, ein einzelnes Signal einem konkreten Erregungszustand zuzuordnen. Selbst für scheinbar eindeutige Zeichen wie Tränen in den Augen gibt es eine Vielzahl von Interpretationsmöglichkeiten: Es können Tränen des Schmerzes, der Trauer oder des Glücks sein, oder die Person hat gerade Zwiebel geschnitten.

Der tatsächliche Hintergrund von nonverbalen Signalen lässt sich nur im Gesamtkontext korrekt einschätzen. Es ist ein Zusammenspiel zwischen Mimik, Gestik, Gangart, Sitzposition und Körperhaltung, das bei uns einen Gesamteindruck hinterlässt. Wir kennen die Signale alle und wissen, welche emotionalen Zustände, innere Haltungen oder Aussagen über die Beziehung ihnen zugrunde liegen.

Meist wird die bewusste Wahrnehmung dieser Signale jedoch von den anderen Elementen, wie verbalen Äußerungen und Tonfall, in den Hintergrund gedrängt und kommt deshalb nur als vager Eindruck, als Gefühl für einen Menschen oder eine Beziehung zum Ausdruck.

Die Steuerungsmechanismen liegen meist im vegetativen Nervensystem, das heißt, sie sind nicht unmittelbar zugänglich. Nur wenn wir uns emotional auf den gewünschten Zustand einstellen, können wir ihn in unserer Körpersprache auch darstellen. Mit Körpersprache zu täuschen ist sehr schwer, da es nahezu unmöglich ist, alle Signale in eine Richtung zu steuern, ohne die emotionale Grundlage dazu zu erleben.

Für den Unterricht wird es deshalb wichtig sein, an der entsprechenden inneren Haltung zu arbeiten, um mit diesem Kanal punkten zu können. Hierauf werden wir im Zusammenhang mit den Kommunikationsmustern noch einmal zu sprechen kommen.

3.4 Das extraverbale System

Darüber hinaus gibt es noch ein viertes System, das sehr stark kulturell geprägt ist, das so genannte extraverbale System. Früher Teil des nonverbalen Systems, unterscheidet man es heute von diesem, da hier nicht universelle und allgemein gültige Signale zusammengefasst werden, die mit dem Körper erzeugt werden, sondern meist solche, die auf Kulturvereinbarungen zurück und über den Körper hinaus gehen.

Bei extraverbalen Signalen handelt es sich um Informationen, die wir meist bewusst mit Hilfe des gezielten Einsatzes von Kleidung, Umgangsformen und Statussymbolen übermitteln. Aber auch Timing und die Wahl des Kontextes, in dem ich kommuniziere, sind Teil des extraverbalen Systems. Die Möglichkeiten, über diese Wege Kommunikation zu gestalten, sind vielfältig. Wir wollen hier einige wenige exemplarisch hervorheben:

- **Kontext:** Welche Botschaften ich in welcher Situation sende, beeinflusst natürlich auch die Art und Weise wie es aufgenommen wird. So macht es zum Beispiel einen Unterschied, ob man Ihnen in der Küche oder im Schlafzimmer sagt: „Das ist heiß." Der Ort und der Zusammenhang in dem eine Aussage gemacht wird, kann die Bedeutung einer verbalen Botschaft komplett verändern. Schulen und andere Unterrichtsräume sind leider häufig sehr funktional eingerichtet und tragen somit oft nicht zu einer guten Lernatmosphäre bei. Durch Veränderungen in der Sitzordnung, Pflanzen, aber auch Bilder und Plakate an der Wand, lassen sich solche Räume aber so gestalten, dass der Kontext zum Lernen einlädt.

- **Timing:** Nicht nur Ort und Zusammenhang spielt hier eine Rolle. Auch der Zeitpunkt, den ich wähle, um eine Information zu übermitteln, ist eine Botschaft für sich. Wenn sie von Ihren Schülerinnen oder Teilnehmern erwarten, dass Sie pünktlich zum Unterricht erscheinen, selber aber häufiger die Pausen überziehen, um nicht auf die Schüler warten zu müssen, dürfen Sie nicht damit rechnen, dass sich Pünktlichkeit im Klassenverbund einstellt. Gerade jüngere Teilnehmerinnen orientieren sich weniger an dem, was Sie sagen, als an dem, was Sie vorleben. Ein weiteres Beispiel für das richtige Timing ist der Zeitpunkt, zu dem ich einem Teilnehmer oder einer Schülerin einen Lernschritt vermittle. Im Zusammenhang mit Pacing und Leading werden wir darauf noch einmal zu sprechen kommen.

- **Kleidung und Statussymbole:** Der Volksmund weiß: „Kleider machen Leute." Wir signalisieren durch einen Anzug Kompetenz und Professionalität, durch einen Blaumann handwerkliches Geschick und die Fähigkeit zum Anpacken und durch weiße Handschuhe steriles Arbeiten. HipHoper, Punks und Skinheads signalisieren ihre Einstellung zur Gesellschaft und ihren Musikgeschmack durch ihre Kleidung. Durch Goldschmuck, Pelz und schnelle Autos vermitteln Menschen Wohlstand und Einfluss. Aber auch Kosmetik oder Frisur sind Signale einer Zugehörigkeit und eines Selbstverständnisses. Zum einen können Sie an der Kleidung Ihrer Schüler bzw. Teilnehmerinnen erkennen, wie sich die Person selbst sieht. Zum anderen senden Sie als Dozent oder Lehrerin natürlich auch eine Botschaft an ihre Zuhörer, mit der Art und Weise in der Sie sich kleiden. Meiner Beobachtung nach machen sich wenige Unterrichtende darüber ausreichend Gedanken. Dabei wird gerade der so wichtige erste Eindruck von diesem Erscheinungsbild entscheidend mitgeprägt.

- **Umgangsformen und Rituale:** Das Befolgen oder Missachten von Umgangsformen und Ritualen, wie Regeln der Begrüßung, Tischsitten oder Hierarchien sind Elemente eines weiteren extraverbalen Kommunikationsmittels. Ein häufiger Diskussionspunkt in der Arbeit mit Jugendlichen ist zum Beispiel das Tragen von Mützen im Unterricht. Aber auch das Aufhalten von Türen, Begrüßungsrituale und andere Umgangsformen sind wichtige Signale. Ich habe zum Beispiel in der Arbeit mit Jugendlichen in der Berufsorientierung häufig die formale Anrede „Sie" gewählt, auch vor dem Hintergrund, dass dies wahrscheinlich die übliche Anrede in einem Bewerbungsverfahren, einem Praktikum oder einer Ausbildung ist. Auch wenn es den jungen Menschen oft zunächst schwer gefallen ist, so angesprochen zu werden, äußern sich viele am Ende des Seminares genau über diesen Punkt sehr positiv.

Aus der Kombination aller Signale der verschiedenen Systeme entsteht ein Gesamteindruck, der entscheidend vor allem für die Beziehung zwischen Unterrichtendem und Schülerinnen ist. Wir wissen heute, dass die Beziehung viel entscheidender ist als fundiertes Fachwissen oder didaktische Kniffe. Menschen können nur dann erfolgreich lernen, wenn sie eine positive Grundbeziehung zu der Person aufbauen, die ihnen das Wissen vermittelt.

Bevor wir uns aber mit der Beziehung näher beschäftigen, wollen wir uns noch ein paar Modelle anschauen, die darstellen, wie aus dieser wahren Flut an Informationen Kommunikation wird.

4. Grundlegende Kommunikationsmodelle

Es stellt sich nun die Frage, wie man einen so komplexen und vielschichtigen Prozess vereinfacht darstellen kann, ohne dabei wesentliche Aspekte zu vernachlässigen. Seit Jahrzehnten haben dies unterschiedlichste Menschen aus verschiedenen Forschungsbereichen versucht. Das Ergebnis ist eine Vielzahl von Modellen, die den Informationsaustausch greifbarer machen sollen. Für meine Arbeit konzentriere ich mich in der Regel auf drei wesentliche Ansätze, die einen sehr guten Überblick ermöglichen:

4.1 Das Sender-Empfänger-Modell:

Das erste Modell, mit dem eine grundlegende Darstellung der Kommunikation gelang, ist das Sender-Empfänger-Modell von Claude Shannon und Warren Weaver. Shannon und Weaver waren keine Kommunikationswissenschaftler, sondern Elektroingenieur und Mathematiker. Sie waren während des Zweiten Weltkrieges in den Laboren der Firma Bell damit beschäftigt, für das Militär eine möglichst störungsfreie und abhörsichere Kommunikationstechnologie zu entwickeln. Zu diesem Zweck entwarfen sie zunächst eine mathematische Theorie der Informationsübermittlung, die so genannte Informationstheorie. Daraus ging ein Modell hervor, das bis in die achtziger Jahre des vergangenen Jahrhunderts das wichtigste Modell in den Kommunikationswissenschaften überhaupt war.

Diesem Modell zufolge umfasst Kommunikation vor allem sechs Komponenten, die ich anhand eines Telefongesprächs einmal exemplarisch darstellen will[5]:

- Es bedarf einer **Informationsquelle** (Source), die eine Information übermitteln will. Im technischen Kontext von Shannon und Weaver wäre dies zum Beispiel der Anrufer an dem einen Ende der Telefonleitung.
- Wir brauchen außerdem ein Instrument zur Kodierung der Information, ein **Verschlüsselungssystem** (Encoder). Dieses System wandelt die

---

[5] Vgl. Claude Shannon und Warren Weaver: The mathematical theory of communication. University of Illinois Press. Urbana, 1949.

Information in entsprechende Signale um, damit die Information transportiert werden kann. Im erwähnten Beispiel wäre der Encoder das Telefon des Anrufers, das das gesprochene Wort in elektrische Signale umsetzt, damit sie die Telefonleitung passieren können.

- Natürlich gehört zu jeder Kommunikation auch eine **Botschaft** (Message), die die Information transportiert. Es handelt sich hier also um das Bündel von Signalen, das zusammen eine Information darstellt. In unserem Fall ist die Botschaft das, was der Anrufer mitteilt, oder genauer die elektrischen Signale, die durch die Telefonleitung laufen.

- Die Botschaft wird über einen **Kommunikationskanal** (Channel) übermittelt. Shannon und Weaver sahen diese Komponente der Kommunikation als die störungsanfälligste an. Der Kanal ist in unserem Beispiel die Telefonleitung.

- Auf der anderen Seite des Kanals bedarf es eines **Dekodierungssystem** (Decoder), das die eingehenden Signale wieder entschlüsselt und in Information verwandelt. Im Telefonbeispiel wäre der Decoder das Telefon des Angerufenen.

- Zum Abschluss gibt es noch den **Adressaten** (Receiver) der Botschaft, der die Information aufnimmt. In unserem Fall ist das der Angerufene selbst.

Shannon und Weaver stellten dieses Modell grafisch zunächst wie folgt dar:

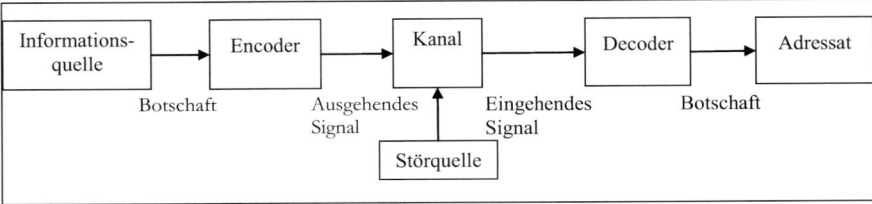

Informationsquelle und Encoder werden zusammen meist als Sender bezeichnet, Decoder und Adressat bilden den Empfänger. Dieses ursprünglich rein technische Modell wurde wegen seiner leichten Verständlichkeit bald auf alle Kommunikationskontexte übertragen.

> **Übung 4.1**
> Versuchen Sie sich doch einmal daran, die verschiedenen Komponenten dieses Modells auf die zwischenmenschliche Kommunikation zu übertragen:
> 1. Wer oder was ist die Informationsquelle, wer Adressat?
> 2. Was ist der Encoder/Decoder und wie entsteht er?
> 3. Welche Kanäle stehen der direkten zwischenmenschlichen Kommunikation zur Verfügung?

Für die Arbeit als Lehrer oder Dozentin lässt sich dieses Modell wie folgt übertragen: Die Person des Lehrers ist die Informationsquelle, der Encoder ist unser Gehirn als Schaltzentrale unserer Kommunikationssysteme. Die Kanäle entsprechen den bereits besprochenen Kommunikationssystemen. Die Botschaften werden mit Hilfe verbaler, paraverbaler, nonverbaler und extraverbaler Signale übertragen und vom Gegenüber mit Hilfe der fünf Sinnesorgane aufgenommen. Das Gehirn des Zuhörers, also zum Beispiel der Schüler, deutet diese Signale auf der Basis seiner Erfahrung zu einem Gesamteindruck. Die Adressaten sind demnach die Teilnehmerinnen unseres Unterrichts. Dass dabei die Verschlüsselung des Senders bisweilen nicht mit der Entschlüsselung der Empfänger übereinstimmen, macht die Sache nicht einfacher und soll im Kapitel über Beziehungsbildung und Kommunikationsmuster aufgegriffen werden.

Was dieses Schema nicht darstellen kann, ist der ständig stattfindende wechselseitige Austausch von Informationen in der zwischenmenschlichen Kommunikation. Es erweckt den Eindruck, Kommunikation sei eine Einbahnstraße. Aus Ihrer Erfahrung im Unterrichten wissen Sie aber sicherlich, dass Sie während eines Vortrages nicht nur senden, sondern auch viele Informationen von Ihren Zuhörern empfangen. Um diese Lücke zu schließen, wurde nachträglich noch das Feedback eingeführt, welches grafisch wie folgt integriert wurde:

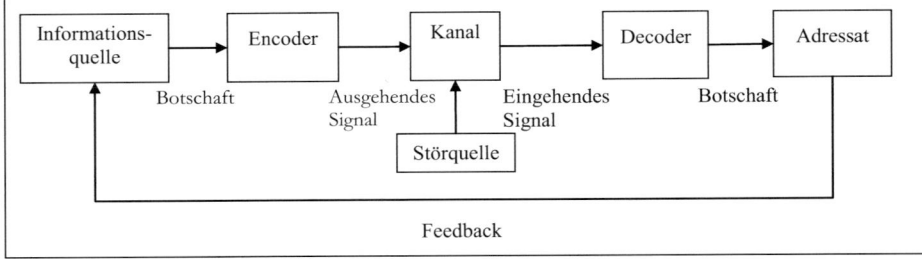

4.2 Die Kommunikationsaxiome von Paul Watzlawick

Um die komplexen Wechselwirkungen in der Kommunikation darzustellen, eignet sich jedoch das Modell von Paul Watzlawick besser. Dieser für die Kommunikationswissenschaften sehr bedeutende Forscher vertrat die Auffassung, dass wir über eine Wahrheit jenseits unserer Wahrnehmung nichts wissen können. Vielmehr konstruieren wir Wirklichkeit in den Beziehungen, in denen wir kommunizieren. Diese Theorie wird **Konstruktivismus** genannt. Der radikale Konstruktivismus geht davon aus, dass all unser Wissen über die Welt von unserem Gehirn aus subjektiven Sinneswahrnehmungen zusammengesetzt wird und somit eine objektive Erkenntnis unmöglich macht.

Wir werden ständig mit einer Vielzahl von Informationen überflutet, die wir gar nicht alle bewusst verarbeiten können. Die Auswahl der Informationen und somit unsere bewusste Wahrnehmung wird bestimmt durch die Grenzen unserer Sinnesorgane und durch die Muster der Wahrnehmung, wie wir sie in unserer Kindheit entwickelt haben. Das, was uns dann als Wirklichkeit bewusst wird, ist eine bereits stark gefilterte und subjektive Realität. Wenn wir nun kommunizieren, filtern wir diese Informationen ein weiteres Mal und geben nur das weiter, was in die Beziehung zu unserem Gegenüber passt.

Dadurch entsteht in der Beziehung eine eigene so genannte intersubjektive Realität, eine Wirklichkeit, die vor allem von der Beziehung zwischen den miteinander kommunizierenden Menschen geprägt ist, und nur bedingt etwas über objektive Wahrheit aussagt.

> **Übung 4.2**
>
> Ich will versuchen, dies noch einmal an einem Beispiel zu verdeutlichen:
>
> Stellen Sie sich vor, sie kommen morgens zum Unterricht. Ihr neuer Schüler Peter geht vor Ihnen durch eine Tür und lässt diese vor Ihnen zufallen, obwohl Sie wegen eines Stapels mit Schulheften keine Hand frei haben. Sie sind sich allerdings nicht sicher, ob Peter Sie gesehen hat.
> In der Mittagspause treffen sie eine Kollegin. Diese berichtet davon, dass Peter im Unterricht trotz wiederholter Aufforderung die Mütze nicht ausgezogen hat. Sie verschweigt allerdings, dass, als Peter die Mütze dann gezwungenermaßen auszieht, deutlich wird, warum er seine Kopfbedeckung lieber weitergetragen hätte: Peter hat die Haare von seiner Mutter geschnitten bekommen und dies ist gründlich misslungen. Es stehen nur noch ein paar Stoppeln. Aufgrund der selektiven Auswahl der Informationen, die Sie mit Ihrer Kollegin geteilt haben, entsteht eine intersubjektive Realität zwischen Ihnen und Ihrer Kollegin, dass Peter unhöflich ist, obwohl Sie ihn bis dahin als eher zurückhaltenden, aber hilfsbereiten Schüler erlebt haben. Das gemeinsam entworfene Bild wird nun ihre Wahrnehmung deutlich beeinflussen.
>
> Überlegen Sie doch bitte einmal, welche Konsequenzen eine solche gemeinsam konstruierte Realität haben könnte.

Für Watzlawick hat Kommunikation einen intersubjektiven Charakter, der für Außenstehende nur schwer zu erfassen ist. Daraus ergeben sich für ihn fünf Axiome, also Grundannahmen, die nicht bewiesen werden können. Sie heben die Wichtigkeit der Beziehungsaspekte von Kommunikation hervor. Das Verstehen und Anwenden dieser fünf Prinzipien bietet nach Watzlawicks Verständnis die Grundlage für gelungene Kommunikation[6]:

---

[6] Vgl. Paul Watzlawick, Janet H. Beavin und Don D. Jackson: Menschliche Kommunikation - Formen, Störungen, Paradoxien. Huber. Bern, 1969.

1. Axiom: „Man kann nicht nicht kommunizieren."

Sobald zwei Personen sich gegenseitig wahrnehmen können, kommunizieren sie miteinander, denn jedes Verhalten, auch Nichtstun, hat kommunikativen Charakter. Watzlawick versteht jedes Verhalten als Kommunikation. Da es nach seiner Auffassung kein Nicht-Verhalten gibt, gibt es auch keine Nicht-Kommunikation. Auch ein scheinbares Nichtkommunizieren signalisiert dem Gegenüber eine Botschaft: „Ich will nicht mit dir reden." Wenn Sie eine Unterrichtsstunde damit beginnen, dass Sie in den Klassenraum kommen, niemanden ansehen und sich sofort an ihren Tisch setzen, um die Zeitung aufzuschlagen, haben Sie auch kommuniziert, auch wenn Sie nichts gesagt haben. Oder stellen Sie sich vor, sie stehen mit einem Menschen, zum Beispiel Ihrer Mutter, in regelmäßigem Telefonkontakt. Ihr Anruf wird jede Woche um die gleiche Zeit erwartet. Was würde passieren, wenn Sie sich einmal nicht melden? Ist das dann Kommunikation oder nicht?

2. Axiom: „Jede Kommunikation hat einen Inhalts- und einen Beziehungsaspekt derart, dass letzterer den ersteren bestimmt und daher eine Metakommunikation ist."

Jede Kommunikation enthält über die reine Sachinformation hinaus einen Hinweis dazu, wie der Sender seine Botschaft verstanden haben will und wie er seine Beziehung zum Empfänger sieht. Die Inhaltsebene wird durch die bewusste und verbale Kommunikation übermittelt. Auf der Beziehungsebene, die hauptsächlich unbewusst auf para- oder nonverbalen Kommunikationswegen transportiert wird, wird der Umgang der Kommunikationspartner miteinander geregelt. Die Beziehungsebene kommentiert und steuert dabei die Inhaltsebene.

Erfolgreich kommuniziert man dann, wenn beide Ebenen miteinander im Einklang stehen. Im Idealfall bedeutet dies, dass die Beziehungsangebote, die der Sender macht, mit den Inhalten seiner Botschaft übereinstimmen oder sich zumindest nicht widersprechen. Störungen entstehen immer dann, wenn widersprüchliche Signale gesendet werden. Es entsteht das, was allgemeinhin als Doppelbindung bezeichnet wird. Im Zweifelsfall wird die Botschaft auf der Beziehungsebene vom Empfänger als glaubwürdiger eingestuft. Die Botschaft auf der Inhaltsebene wird dann meist als Täuschungsversuch angesehen.

Für Menschen, die beruflich anderen Menschen Wissen vermitteln, ist es besonders wichtig, dass sie als glaubwürdig wahrgenommen werden. Deshalb sollten Sie als Dozent oder Lehrerin besonders darauf achten, dass ihre Signale auf allen Ebenen übereinstimmen. Wie Sie das schaffen, dazu kommen wir etwas später.

3. **Axiom: „Die Natur einer Beziehung ist durch die Interpunktion der Kommunikationsabläufe seitens der Partner bedingt."**

Dieses Axiom gilt als Begründung des Konstruktivismus, weil es offen legt, wie subjektiv wir Kommunikation wahrnehmen und damit unsere Wirklichkeit konstruieren. Watzlawick erläutert in diesem Axiom, wie wir Menschen das Wechselspiel der Kommunikation oft sehr einseitig interpretieren. Was eigentlich ein sich bedingender Kreislauf zwischen zwei Kommunikationsangeboten ist, wird in der subjektiven Wahrnehmung zu einer Kausalkette, die ihren Ursprung meist beim Anderen hat. Im besten Glauben strukturieren wir Kommunikationsprozesse nach Ursache und Wirkung, nach dem was sinnvoll und was überflüssig, was falsch und was richtig ist. Dabei blenden wir unsere eigenen Anteile gerne aus. Die daraus resultierenden Schuldzuweisungen haben dann wesentlichen Einfluss auf die Beziehungsgestaltung.

> *Übung 4.3:*
>
> Ich will dieses Axiom anhand eines Beispieles aus meiner Praxis erläutern:
>
> Vielleicht haben Sie auch schon einmal Erfahrung mit einem Schüler oder einer Teilnehmerin gemacht, die über alles, was sie erzählt haben, mit Ihnen diskutiert hat. Mir jedenfalls ist es früher häufiger so gegangen. Jedes Mal zog dieser Schüler meine volle Aufmerksamkeit auf sich und diskutierte mit mir über das eine oder andere Thema. Ich ärgerte mich regelmäßig darüber, dass der Unterricht für den Rest der Klasse durch die ständigen Diskussionen mit diesem Schüler oder der Teilnehmerin behindert wurde, bis ich verstand, dass ich mit der Art, wie ich im Unterricht kommunizierte, meinen Gegenüber dazu einlud, sich so zu verhalten. Indem ich nachfragte, ob jemand noch Fragen hätte, der Teilnehmerin oder dem Schüler den Raum gab seine Frage zu stellen, mich von ihm oder ihr zur Rechtfertigung provozieren ließ und in Körpersprache, Tonfall und Wortwahl zur Anerkennung meiner Botschaften aufrief, lud ich ihn dazu ein, mich in Frage zu stellen. Heute gelingt mir dies besser, weil ich meinen Beitrag an einer solchen Entwicklung kenne. Auch heute bekomme ich solche Beziehungsangebote noch. Sie verpuffen allerdings in dem Moment, in dem ich sie erkenne.
>
> Überlegen Sie doch selbst einmal, in welchen Situationen Sie Ihre Kommunikation eher subjektiv interpunktieren.

Menschliche Kommunikation ist nicht in Kausalketten auflösbar, sie verläuft vielmehr kreisförmig und gleichzeitig. Gerade bei der Synchronisation und der Inszenierung von Kommunikation – über beide werden wir noch sprechen – greifen viele Mechanismen ineinander, die sich mit einer einfachen Kausalkette nicht mehr darstellen lassen. Anfänge werden somit subjektiv gesetzt. Dies meint Watzlawick mit Interpunktionen.

4. Axiom: „Menschliche Kommunikation bedient sich digitaler und analoger Modalitäten. Digitale Kommunikationen haben eine komplexe und vielseitige logische Syntax, aber eine auf dem Gebiet der Beziehungen unzulängliche Semantik. Analoge Kommunikationen hingegen besitzen dieses semantische Potential, ermangeln aber der für eindeutige Kommunikation erforderlichen logischen Syntax."

Mit diesem Axiom wird den Inhalten des letzten Kapitels Rechnung getragen. Kommunikation findet eben nicht nur auf der verbalen Ebene statt. Die entsprechenden Kanäle haben wir bereits besprochen.

Watzlawick nähert sich dem Thema aus einer anderen Perspektive. Er unterscheidet zwischen der analogen und der digitalen Modalität, manchmal auch Code genannt. Die **analoge Modalität** ist die Sprache der Beziehungsebene und ist geprägt durch Analogien und Bilder. Sie ist tendenziell emotional und bildlich. Im verbalen System gehören zum analogen Code Metaphern, Geschichten und eben Analogien. Zuhause ist diese Modalität jedoch im para- und nonverbalen System. Gestik, Mimik, Körperhaltung, Tonfall etc. sind analoge Zeichen für emotionale Zustände und wirken beziehungsregulierend.

Für die Inhaltsebene nutzen wir in der Regel die **digitale Modalität**. Der digitale Code ist ausschließlich dem verbalen Kommunikationssystem vorbehalten. Er ist deutlich präziser, logisch und analytisch, aber weniger unmittelbar als der analoge Code. Wie Sprache und Schrift folgt der digitale Code den Gesetzen der Grammatik und Logik. Während der analoge Code meist intuitiv erfasst werden kann, beruht der digitale stark auf Vereinbarungen und ist somit nicht allgemein gültig. Er lässt Kommunikation demnach nur zwischen Individuen zu, die den Code beherrschen.

Viele Dozentinnen und Lehrer geben sich sehr viel Mühe, ihren Unterricht im digitalen Code sinnvoll zu gestalten. Dieses Buch soll Ihnen darüber hinaus dabei helfen, auch den analogen Code sinnvoll zu nutzen, um Ihre Wirkung weiter zu verbessern. Entscheidend für den Erfolg von Kommunikation ist, dass digitale und analoge Modalität, verbale und nonverbale Kommunikation sich ergänzen und nicht widersprechen. Sonst kommt es zu der oben erwähnten Doppelbindung, die für den Empfänger verwirrend ist.

5. **Axiom: „Zwischenmenschliche Kommunikationsabläufe sind entweder symmetrisch oder komplementär, je nachdem ob die Beziehung zwischen den Partnern auf Gleichheit oder Unterschiedlichkeit beruht."**

Wenn Kommunikation immer auch etwas mit Beziehung zu tun hat, dann ist es nachvollziehbar, dass sich das Verhältnis der beiden Kommunikationspartner auch im Bezug auf die Hierarchie in der Kommunikation widerspiegeln. Symmetrische Kommunikationsabläufe sind darauf angelegt, Ungleichheit abzuschwächen. Wir finden dies vor allem in gleichberechtigten Beziehungskonstellationen. Allerdings kann die Tendenz zur Gleichheit auch zu Wettbewerb führen. Die Bemühung immer gleicher zu werden, wird dann zur Belastung der Beziehung.

Bei komplementären Beziehungen wird die hierarchische Unterschiedlichkeit der Partner hervorgehoben. Hier ist die Kommunikation eher auf Ergänzung und weniger auf Angleichung ausgerichtet. Dies führt häufig zu Spannungen, kann aber auch die Beziehung stabilisieren, wenn beide Kommunikationspartner die Beziehungsstruktur akzeptieren: So ist zum Beispiel die Beziehung zwischen einem Chef und seinen Mitarbeitern in der Regel komplementär und wird von beiden Seiten auch so akzeptiert.

> *Übung 4.4:*
>
> Machen Sie sich doch bitte einmal Gedanken darüber, was dieses Axiom für Ihre Arbeit als Lehrer oder Dozentin bedeutet.

Dozenten und Lehrerinnen befinden sich in der Regel beruflich in komplementären Beziehungen. Gerade Schüler im Kindes- und Jugendalter wissen dies oft sehr genau. Manche Lehrer neigen dazu, sich um symmetrische Beziehungen zu ihren Schülern zu bemühen. Dabei werden sie aber von Ihren Schülern selten ernst genommen, weil diese Bemühungen der tatsächlichen Beziehung nicht entspricht. Es ist also für Dozentinnen sinnvoll, sich entsprechend klar in der komplementären Beziehung zu positionieren, was aber nicht heißt, dass man nur autoritär unterrichten soll. Dazu aber später mehr.

Neben dem hierarchischen Aspekt bezieht sich dieses Axiom jedoch noch auf einen weiteren Aspekt: Beziehungen, vor allem Paarbeziehungen, zeichnen sich dadurch aus, dass sie entweder nach dem Motto „Gegensätze ziehen sich an", oder auf großer Ähnlichkeit und vielen Gemeinsamkeiten beruhen. Man kann Beziehungen also danach unterteilen, ob sie auf der Basis von vielen Gemeinsamkeiten, oder aber auf der Basis von großen Unterschieden gestaltet werden. Wenn Sie sich für jeden Fall eine typische Beziehung aus Ihrem Umfeld vor Augen führen, werden Sie feststellen, dass diese unterschiedlichen Grundlagen für Beziehung sehr verschiedene Formen von Beziehungen begründen.

Der Konstruktivismus und die fünf Axiome der Kommunikation lösten ein wahres Erdbeben in der Erforschung von Kommunikation aus. In der Folge wurde akzeptiert, dass eine objektive Einschätzung von Kommunikationsprozessen und Inhalten nicht möglich ist. Die subjektive Sichtweise und das Konstruieren von Realität in der Interaktion verbieten den Versuch einer Objektivierung der Inhalte. Seitdem beschäftigen sich die Kommunikationswissenschaften nicht mehr überwiegend mit den Inhalten, sondern versuchen vielmehr Strukturen und Muster darzustellen, die typische Abläufe im Beziehungsaufbau beschreiben.

4.3 Das Vier-Ohren-Modell nach Schulz von Thun

Ende der Siebziger und Anfang der Achtziger Jahre kam es in Deutschland zu einem Boom der Kommunikationswissenschaften. Man beschäftigte sich vor allem mit der unmittelbaren zwischenmenschlichen Kommunikation und suchte nach Modellen, mit denen man die erarbeiteten Erkenntnisse praktisch nutzbar machen konnte. Dabei trat ein Autor in den Vordergrund, dessen Modelle heute in jedes gute Kommunikationsseminar gehören: Friedemann Schulz von Thun. Er ist vor allem mit seinem so genannten Vier-Ohren-Modell bekannt geworden. In diesem greift er die Unterscheidung von Inhalts- und Beziehungsebene der Theorie von Paul Watzlawick wieder auf und entwickelt es zu einem vierseitigen Modell weiter:

Nach Schulz von Thun hat jede Botschaft in der zwischenmenschlichen Kommunikation vier Aspekte. Jeder Sender sendet teils bewusst, teils unbewusst Botschaften auf diesen vier Ebenen, und jeder Empfänger empfängt ebenso bewusst bzw. unbewusst auf vier Ebenen Botschaften. Das Aufgenommene ist dabei nicht immer auch das Ausgehende, sondern erst wenn beide Kommunikationspartner ungefähr dieselben Informationen teilen und vergleichbare Gewichtungen auf die vier Ebenen legen, kann die Kommunikation gelingen.

Nach Schulz von Thun lassen sich die vier Botschaft oft schon aus den verbalen Botschaften alleine konstruieren. Hier spielen die verborgenen Ebenen innerhalb der reinen Wortbedeutung ebenso eine Rolle wie der Satzbau. Darüber hinaus gibt es para- und nonverbalen Signale, die Informationen zu der Beziehungsseite, der Selbstkundgabe und der Appellseite beitragen.

Nur durch die Berücksichtigung aller vier Aspekte kann Kommunikation gelingen. Die vier Aspekte sind[7]:

---

[7] http://www.schulz-von-thun.de/index.php?article_id=71

- **Sachinformation** ist das, worüber man informiert. Sie wird meist über das gesprochene Wort, also das verbale System transportiert und gibt Sachaussagen, Daten und Fakten wieder. Die Informationen werden im digitalen Code übermittelt. Es gilt das Wahrheitskriterium, d.h., eine Aussage dieser Seite ist entweder wahr oder unwahr und wird daraufhin überprüft, ob sie Relevanz für die vorangegangenen Aussagen hat. Ein weiteres Kriterium ist die Hinlänglichkeit. Damit will Schulz von Thun ausdrücken, dass man eine Sachinformation daraufhin überprüfen sollte, ob sie ausreichend Informationen bietet, um sie zu verstehen. Aufgabe des Senders ist es, die Inhalte klar und deutlich zu übermitteln, der Empfänger sollte auf dem Ohr der Sachinformation auf Fakten und Daten hören und diese auf Wahrheitsgehalt, Relevanz und Hinlänglichkeit zu prüfen.
- Der **Beziehungshinweis** gibt Auskunft über die Beziehung der beiden Gesprächspartner oder zumindest, wie der Sender diese empfindet. Der Sender drückt mit diesem „Schnabel", wie es Schulz von Thun formuliert, aus, was er von seinem Gegenüber hält, und wie er die Beziehung der beiden Kommunikationspartner versteht. Diese Aspekte werden häufig durch die Wortwahl, den Tonfall oder andere paraverbale Elemente transportiert. Aber auch nonverbale Elemente spielen eine Rolle. So versteht jeder eine abgewandte Körperhaltung mit verschränkten Armen und hochgezogenen Schultern als Ablehnung oder Verschlossenheit. Demnach herrscht hier der analoge Code vor. Der Beziehungshinweis kann persönlicher aber auch formaler Struktur sein. So spielt es z. B. für die Beziehung eine Rolle, ob wir jemanden duzen oder siezen. Aufgrund der Informationen, die er mit dem Beziehungsohr wahrnimmt, entscheidet der Empfänger: „Wie fühle ich mich behandelt? Was hält der Andere von mir?" Da die Signale jedoch in der analogen Modalität übermittelt werden, kann es hier auch zu Missverständnissen und Fehlinterpretationen kommen.

- Die **Selbstkundgabe** gibt Informationen über den Sender preis, die dieser meist gar nicht zu senden beabsichtigt hatte. Wenn jemand etwas kommuniziert, gibt er immer auch etwas von sich selbst preis. Diese Informationen umfassen meist das Selbstverständnis, die Werte, Gefühle und Motive, die der Sender mit der Botschaft verbindet. Das System, das hierzu genutzt wird, ist in der Regel das nonverbale. Demnach ist auch hier die Modalität analog. Es gibt dabei auch Aspekte, die bewusst übermittelt werden. So versucht jeder Mensch mit dem, was er sagt, auch einen Eindruck zu hinterlassen. Er will sich im rechten Licht darstellen, sein Territorium verteidigen oder andere Botschaften an den Empfänger senden. Allerdings übermittelt er dabei immer auch andere, unbewusste Signale. Er zeigt dabei vielleicht Unsicherheit, Arroganz oder Aggressivität.
- Die **Appellseite** einer Botschaft übermittelt dem Empfänger das, was der Sender bei ihm auslösen will. Auch hier gibt es Aspekte, die bewusst sind und Aspekte, die der Sender möglicherweise gedacht hat, aber eigentlich gar nicht an den Empfänger weitergeben wollte. Die Appellseite kann demnach sowohl im verbalen System und digitalem Code übermittelt werden, wenn es sich um eine explizite Aufforderung handelt, als auch im analogen Code meist über das paraverbale System weitergegeben werden, wenn es sich um eine implizite, meist unbewusste Information handelt. Inhalte sind neben ausdrücklichen Appellen und Aufforderungen auch Wünsche, Sehnsüchte, Ängste und Ähnliches. Wenn wir von unterschwelliger, aber bewusster Botschaft auf der Appellseite sprechen, dann nennen wir dies in der Regel Manipulation. Der Empfänger hört mit dem Appell-Ohr, was er tun, denken oder fühlen soll.

> *Übung 4.5*
>
> Versuchen Sie bitte mit dem Kommunikationsquadrat folgendes Beispiel von Schulz von Thun zu analysieren: Ein Mann und eine Frau fahren in einem Auto. Der Beifahrer sagt zur Fahrerin: „Du, da vorne ist grün!"

Dieses Modell ist ein sehr gutes Instrument, um die verschiedenen Aspekte einer Botschaft sauber voneinander zu trennen. Deshalb wird es vor allem dort beigebracht, wo Kommunikation praktisch angewandt wird, wie zum Beispiel bei Lehrern, Therapeuten, Sozialarbeitern oder Verkäufern. Wer in diesen, aber auch anderen Berufen erfolgreich kommunizieren will, sollte besonders darauf achten, dass die vier Aspekte klar zugeordnet werden können und eine relativ harmonische Gesamtbotschaft ergeben. Wie dies gelingen kann, werden wir auch im Zusammenhang mit den folgenden Kapiteln genauer beleuchten.

Der Nachteil dieses Modells ist es, dass eine Analyse für jede einzelne Botschaft neu vorgenommen werden muss. Die Darstellung der Dynamik und Interaktion von Kommunikation, wie es die Theorie Watzlawick versucht hat, ist so nicht ohne weiteres möglich.

5. *Synchronisation*

Para-, non- und extraverbale Anteile der Kommunikation haben wenig bis keine sachlichen Informationen zum Gegenstand, hier werden emotionale Zustände übermittelt. Aber auch über das verbale System werden wichtige Beziehungsangebote gemacht. Man gibt von sich preis, mit welcher Haltung man in das Gespräch geht, welche Einstellung man zu seinem Gegenüber hat, was man eigentlich von dem Anderen will, wie man die Situation einschätzt und wie die Beziehung aussehen könnte, die man bereit ist einzugehen.

Dies bedeutet, dass vor allem im Erstkontakt, ob mit fremden oder bekannten Menschen, der Austausch von Sachinformationen nur eine untergeordnete Rolle spielt, im Vordergrund steht die Gestaltung der Beziehung. Dies gilt auch und vor allem für die Unterrichtssituation, weil die emotionalen Anteile die

Vermittlung von Wissen entweder entscheidend unterstützen oder behindern können. Denn wie wir im Zusammenhang mit dem 2. Axiom von Watzlawick gelernt haben, bestimmt die Beziehungsebene die Inhaltsebene.

Grundvoraussetzung dafür, dass die Vermittlung von Wissen gelingt, ist Glaubwürdigkeit. Zuhörer müssen dem Unterrichtenden glauben, dass er meint, was er sagt. Um dies zu erreichen, müssen die Signale, die ein Lehrer oder eine Dozentin aussendet, eindeutig sein. Grundsätzlich können die einzelnen Signale nämlich in unterschiedlichen Verhältnissen zueinander stehen:

- **Parallelität**: Alle Signale unterstützen sich gegenseitig. Sie bilden den gleichen emotionalen Zustand ab bzw. unterstützen die verbale Botschaft und ergeben so ein einheitliches Bild. Diese Form der Kommunikation vermittelt die größte Glaubwürdigkeit und ist die ideale Voraussetzung für das Unterrichten.

- **Komplementarität**: Die Signale der verschiedenen Kanäle ergänzen sich gegenseitig, ergeben aber erst gemeinsam ein einheitliches Bild. Dadurch können sehr komplexe emotionale Zustände wiedergegeben, oder der verbalen Ebene eine andere oder vertiefende Bedeutung geben werden.

Übung 5.1:
Bevor Sie weiterlesen: Fällt Ihnen ein gutes Beispiel ein, wie sich Signale so ergänzen können, dass sie zusammen einen neuen Sinn ergeben? Denken Sie mal einen Moment darüber nach.

Ein plakatives Beispiel hierfür ist Ironie. Erst in der Zusammensetzung aller Signale ergibt sich ein meist der verbalen Botschaft widersprechendes Gesamtbild. Diese Form der Kommunikation sollte im Unterricht nur sehr sparsam eingesetzt werden. Sie ist zum Beispiel dann sinnvoll, wenn man die Zuhörerinnen und Zuhörer überraschen, herausfordern oder zusätzlich Aufmerksamkeit erzeugen will. Bei dieser Form der

Signalzusammensetzung muss das Publikum nämlich mitdenken und ist vom Widerspruch der Signale erst einmal überrascht.

- **Inkongruenz**: Signale widersprechen sich gegenseitig und ergeben so ein unklares Bild. Welchem Teil der Botschaft der Empfänger Vertrauen schenkt, hängt von der Beziehung zwischen den beiden Kommunikationspartnern ab. Häufig überdecken jedoch non- und paraverbale Signale die verbalen Botschaften. Studien haben ergeben, dass bei Inkongruenz zwischen verbaler und nonverbaler Botschaft, der Empfänger der nonverbalen Botschaft mehr Vertrauen schenkt. Diese Form der Signalzusammensetzung sollte im Unterricht deshalb unbedingt vermieden werden.

Wenn aber dieser Bereich der Kommunikation weitestgehend unbewusst abläuft, stellt sich die Frage, wie man diese Anteile der Kommunikation so beeinflussen kann, dass sie die eigene Kommunikationsfähigkeit verbessern. Dazu ist es wichtig, sich darüber klar zu werden, wie die Anbahnung einer Beziehung in der Kommunikation funktioniert.

5.1 Der Synchronisationsprozess

Wenn wir Menschen zum ersten Mal begegnen, wie es zum Beispiel in eintägigen Seminaren ständig passiert, beginnen wir in der Regel mit einem vorsichtigen Abtasten. Wir suchen im Verhalten des Anderen uns bereits aus anderen Situationen bekannte Aspekte, die es uns erleichtern, uns auf unser Gegenüber einzustellen. Diese Situation ist vergleichbar mit der Suche nach einem Radiosender, bei dem man durch Verstellen der Frequenz die richtige Wellenlänge sucht. Im zwischenmenschlichen Kontakt ist die Frequenz aber kein akustisches Signal, sondern eine Vielzahl von para- und nonverbalen Signalen, anhand derer Kommunikationspartner sich einander annähern. Dieses Suchen nach einer gemeinsamen Wellenlänge findet jedoch, wenn auch in geringerer Form, bei jeder neuen Begegnung wieder statt. Wir loten aus, wie unser Gegenüber drauf ist, welche Tagesform er mitbringt, was er jetzt von uns will und so weiter.

Im Gespräch werden Körpersprache und Haltung, Mimik und Gestik, Tonfall und Sprechrhythmus und sogar die Wortwahl aufeinander abgestimmt und bei erfolgreicher Kommunikation synchronisiert. Dies bedeutet jedoch nicht, dass der eine Gesprächspartner den anderen kopiert und sich genauso wie sein Gegenüber verhält. Vielmehr werden diese Synchronisationsprozesse als Tanz beschrieben, in dem sich die beiden Kommunikationspartner im Prozess auf eine gemeinsamen Schrittfolge und einen gemeinsamen Rhythmus einigen.

Der Hauptanteil dieser Synchronisation findet auf der nonverbalen aber auch auf der paraverbalen Ebene statt und ist damit überwiegend unbewusst. Es sind Phänomene, wie das soziale Lächeln das gleichzeitige Wechseln der Sitzposition, regelmäßiges Nicken, das Anpassen der Sprechgeschwindigkeit oder der Lautstärke, in denen sich dieser Synchronisationsprozess niederschlägt.

Übung 5.2:

Beobachten Sie doch einmal bei der nächsten Pausenaufsicht zu Beginn des Schultages die ankommenden Jugendlichen, oder setzen Sie sich einmal in ein Café und beobachten Sie, welche Signale Menschen sich zu Beginn einer Konversation senden.

Sie wissen bereits, dass sich in der para- und nonverbalen Kommunikation vor allem der emotionale Zustand eines Menschen niederschlägt. Durch die Synchronisation stellen sich also die Gesprächspartner auf die Gefühle ihres Gegenübers ein und finden eine gemeinsame Basis, eine Wellenlänge. Gelingt diese Synchronisation, so wird das Gespräch als vertraut und die Beziehung meist positiv erlebt. Wobei dieser Prozess auch unangenehme Beziehungsstrukturen hervorbringen kann. So kann es passieren, dass zum Beispiel der eine Gesprächspartner als Beziehungsangebot eine kritische Haltung zu seinem Gegenüber einnimmt und diese Person mit vehementer

Rechtfertigung reagiert. Diese Konstellation ist zwar nicht angenehm, wenn sie jedoch funktioniert, wahrscheinlich beiden Beteiligten zumindest vertraut.

Erfolgreiche Synchronisation ist die grundlegende Voraussetzung für erfolgreiche Kommunikation. Um diesen weitgehend unbewussten Teil der Kommunikation gestalten zu lernen, wollen wir nun genauer betrachten, was hinter diesem Synchronisationsprozess, diesem Tanz, inhaltlich steckt.

6. Kommunikationsmuster

Bei der großen Unterschiedlichkeit, die Menschen in ihrem Kommunikationsverhalten an den Tag legen, ist es doch eher verwunderlich, dass sie sich im Rahmen eines solchen Synchronisationsprozesses so fein aufeinander abstimmen können, dennoch funktioniert der Abgleich auch bei sehr unterschiedlichen Menschen. Worauf basiert also dieser Tanz?

Während der Synchronisation suchen die Kommunikationspartner unbewusst im Verhalten des fremden Gegenübers nach bekannten Aspekten, Anteile an der Kommunikation, mit denen er oder sie sich leicht synchronisieren beziehungsweise identifizieren kann. Grundlage sind die so genannten Kommunikationsmuster, die wir bereits in frühster Kindheit zu entwickeln begonnen haben.

Bereits in den ersten Monaten unseres Lebens versuchen wir, die Welt zu erfassen und unsere Sinneseindrücke zu strukturieren. Säuglinge versuchen die Vielzahl der Eindrücke, die auf sie einstürmen, so zu strukturieren, dass Situationen voraussagbar werden und damit gezieltes Handeln möglich wird. Sie versuchen einzelne Wahrnehmungen so miteinander zu verknüpfen, dass sinnvolle kausale Zusammenhänge entstehen. Ein relativ einfaches und frühes Muster könnte zum Beispiel lautet: „Fühle Grummeln im Bauch – schreie – Mama kommt ins Zimmer – ich bekomme was in den Mund – Grummeln verschwindet." Viele Menschen setzen deshalb auch im Erwachsenenalter auf dieses Muster, indem sie sich etwas in den Mund stecken, wenn sie sich beruhigen wollen, seien es nun Zigaretten, Alkohol oder Schokolade.

> **Übung 6.1:**
> Überlegen Sie doch bitte einmal, welche wiederkehrenden Kommunikationsmuster Sie spontan bei sich identifizieren können. Wie reagiert Ihre Umwelt darauf?
> Welche Kommunikationsmuster kennen Sie aus Ihrem Umfeld? Wie reagieren Sie selbst darauf?

6.1 Die Entstehung von Kommunikationsmustern

Ein Forscher, der sich auf dem Gebiet der Erforschung frühkindlicher Kommunikationsentwicklung einen Namen gemacht hat, ist der Psychiater und Psychoanalytiker Daniel Stern. Seine Forschung hat großen Anteil daran, dass wir heute besser verstehen können, in welcher Form sich Wahrnehmung in dieser kindlichen Frühphase und somit auch in unserem späteren Leben organisiert. Er hat festgestellt, dass Wahrnehmung ganz erheblich durch die Kommunikation mit den Bezugspersonen, meist den Eltern, strukturiert wird. Die Entwicklung der Wahrnehmungsorganisation und der Kommunikationsfähigkeit hängen demnach eng miteinander zusammen.

Der Säugling durchläuft in der Frühphase seiner Entwicklung vier Stufen der Wahrnehmungs- und Kommunikationsfähigkeit. In der folgenden Abbildung sind diese Phasen in Anlehnung an den Sternschen Ansatz auf die Kommunikationsfähigkeit übertragen dargestellt[8]:

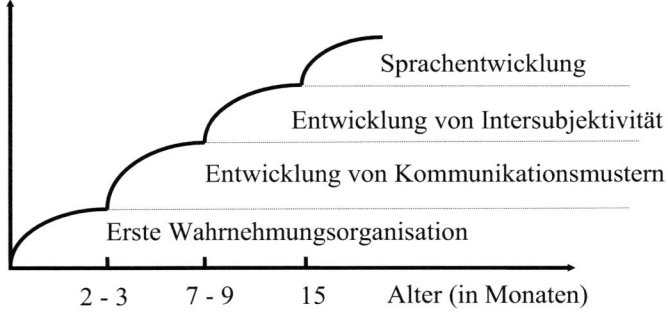

---

[8] Vgl. Daniel Stern: Die Lebenserfahrung des Säuglings. Klett-Cotta. Stuttgart, 1992.

5.1.1 Phase erster Wahrnehmungsorganisation

Stern stellt zunächst fest, dass Neugeborene bereits mit der Geburt beginnen, mit ihrer Umwelt zu kommunizieren. Dies geschieht nicht ständig, aber in immer länger werdenden Phasen der wachen Aufmerksamkeit: Nach dem Schlaf und der Nahrungsaufnahme nehmen Säuglinge ihre Umwelt sehr bewusst wahr. Dabei besteht die Kommunikation in diesem Lebensalter hauptsächlich aus Reaktionen auf Umweltreize. Allerdings ergaben Sterns Untersuchungen, dass alle Reize aus den verschiedenen Sinnen zunächst ungeordnet auf uns einströmen. Das Baby ist nicht in der Lage zwischen Hören, Sehen oder Schmecken zu unterscheiden. Sogar zwischen Eindrücken aus seiner Umwelt und eigenen Affekten und Impulsen kann es nicht korrekt unterscheiden. Vielmehr ist es eine Flut von Informationen, die quasi von überall auf es einströmt. Diese so genannte amodale Wahrnehmung legt den Schluss nahe, dass das Gehirn lernen muss, verschiedene Informationen miteinander zu verbinden. Es ist von Beginn an bemüht, der Flut von Informationen Struktur zu geben, in dem es ihnen Quellen und Sinnen zuordnet und in einen größeren Zusammenhang stellt.

Um dieses „Scharfstellen der Wahrnehmung" bemühen wir uns von Beginn an, indem wir in den eingehenden Informationen nach Mustern suchen. Eine Fähigkeit und ein Streben, das uns wohl angeboren zu sein scheint. Das organisierende Prinzip sind aber nicht die einzelnen Sinne, sondern vielmehr die von Stern postulierten Vitalitätsaffekte. Das Baby nimmt eigene Gefühle, Handlungen und externe Reize eher auf der Grundlage von Rhythmus und Intensität war. Diese werden dann in Kategorien strukturiert, die wir als Erwachsene mit aufwallend, verblassend, flüchtig oder explosionsartig umschreiben würden. Diese Vitalitätsaffekte sind also die ersten Struktur gebenden Elemente der Wahrnehmung. Dabei zeigen bereits Säuglinge deutlich Präferenzen für bestimmte Rhythmen und Intensitäten.

Bereits in unseren ersten Monaten versuchen wir unsere Wahrnehmungen nach subjektiven Mustern zu organisieren. Dies tun wir mit Hilfe unserer Affekte. Das heißt, unsere Wahrnehmung, auch und insbesondere die der Kommunikation, ist subjektiv und emotional. Diese Ergebnisse decken sich mit dem Konstruktivismus von Watzlawick.

5.1.2 Phase der Entstehung von Kommunikationsmustern

Während der Säugling in den ersten zwei bis drei Monaten nur in kürzeren Phasen gerichtet wahrnimmt und kommuniziert, verändert sich dies ab dem dritten Lebensmonat deutlich. Langsam bilden sich aus diesen Inseln der Wahrnehmungen erste Episoden heraus, die dem Baby zunächst bekannt vorkommen, ähnlich eines Déjà-vu-Erlebnisses. Aus der Verdichtung dieser Episoden wird dann ein Verständnis für die eigene Geschichte, die Voraussetzung für Gedächtnis. Gedächtnis ist wiederum eine Grundvoraussetzung für das Erlernen eines umfangreichen Zeichenvorrates, der zu einer komplexen Kommunikation notwendig ist. Im Gegensatz zu den Tieren basiert unsere Kommunikation nämlich auf einem größtenteils erworbenen und nicht ererbten Zeichenvorrat, was eine Kommunikation zwischen Menschen unterschiedlicher Sozialisation sehr erschwert.

Unser Gedächtnis entsteht also aus einer Aneinanderreihung von Episoden. Besonders gut werden dabei Episoden erinnert, die sich immer ähnlich wiederholen. Diese Episoden werden so zu den Grundeinheiten unseres Gedächtnisses. Dabei führt der Wunsch nach sinnvoller Strukturierung dazu, dass wir bereits als Säugling damit beginnen, Gemeinsamkeiten in Episoden zu suchen, um daraus Voraussagen über die weitere Entwicklung einer Episode machen zu können. Dazu führt unser Gehirn ähnliche Episoden zusammen und entwickelt daraus ein Muster, einen Prototypen. Dies gilt in besonderem Maße für die Kommunikation.

Diese Muster werden zu unseren ständigen Begleitern und organisieren unsere Wahrnehmung und Kommunikation. Wir überprüfen unsere Wahrnehmung auch im Erwachsenenalter ständig auf bekannte Reize. Können wir ein Bündel von Reizen einem bekannten Muster zuordnen, so wird dies als Reaktionsmuster abgerufen und bestimmt unsere Erwartung der Realität und das damit verbundene Reaktionsmuster. Funktioniert ein Muster, so wird es stabilisiert und verstärkt. Funktioniert es nicht, wird es modifiziert. Stern nennt diese Muster: RIGs (**R**epresentations of **I**nteraction that have been **G**eneralized). Zum besseren Verständnis sind hier die gerade beschriebenen Abläufe noch einmal schematisch dargestellt:

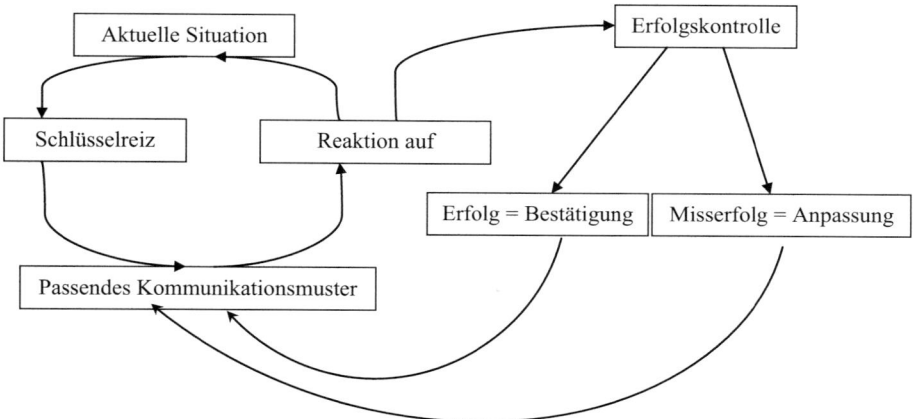

Die meisten grundlegenden Kommunikationsmuster erlernen wir in unseren Familien. Mit diesen abstrahierten Mustern gehen wir dann in neue Kommunikationssituationen. Das kann unter anderem dazu führen, dass wir nicht nur unsere Wahrnehmung organisieren, sondern darüber hinaus durch die Erwartungen aus unseren Mustern unsere Umwelt beeinflussen. Dann werden aus den durch die RIGs geweckten Erwartungen sich selbst erfüllende Prophezeiungen. Hierzu später mehr.

Bis zum siebten Lebensmonat werden die verschiedenen Sinne bereits voneinander unterschieden. Die Kommunikation besteht im Wesentlichen aus

Körpersprache, Mimik und Körperkontakt. Aber auch Laute und Melodien werden als Signale wahrgenommen.

5.1.3 Phase der Entwicklung von Intersubjektivität

In der dritten Phase ab dem siebten Monat erkennt der Säugling, dass seine inneren Zustände subjektiv sind und seine Umwelt diese nicht immer teilt. Dadurch entsteht überhaupt erst die Notwendigkeit für gezielte Kommunikation. Der Wunsch nach Austausch und Abgleich der eigenen inneren Zustände, wie Gefühlen, Wünschen u. ä. ist die Grundlage für die entstehende Intersubjektivität. Intersubjektivität ist demnach die Fähigkeit, seine eigenen subjektiven Wahrnehmungen, Gedanken und Affekte mit anderen zu teilen, und dieser Entwicklungsschritt ist der Beginn von bewusster Kommunikation.

Das dieser Fähigkeit zugrunde liegende Arbeitsmodell ist dabei nicht sehr komplex. Das Kleinkind stellt fest, dass sich etwas in ihm abspielt, was sich wahrscheinlich nicht sehr von dem unterscheidet, was sein Gegenüber in seinem Kopf hat. Dabei darf nicht vergessen werden, dass in diesem Alter die Sprache noch nicht entwickelt ist. Also muss das Kleinkind durch Zeigen, Blickkontakt, Laute, Gestik oder Mimik, Gefühle und Intentionen kommunizieren.

Da diese Phase so grundlegend für die Kommunikation von affektiven und emotionalen Zuständen ist, werden auch in der späteren erwachsenen Kommunikation vergleichbare Zustände vor allem para- oder nonverbal kommuniziert. Im Erwachsenenalter sind uns diese Ebenen der Kommunikation aber nicht mehr so bewusst, weil sie von der Sprache überlagert werden. Dies führt dazu, dass wir Informationen über den Gefühlszustand z. B. unseres Gesprächspartners im Alltag nicht mehr bewusst wahrnehmen. Mit diesem Buch habe ich es mir zum Ziel gesetzt, die Bedeutung dieser Kommunikationsaspekte für das Unterrichten wieder stärker in den Vordergrund zu stellen.

5.1.4 Phase des Spracherwerbs

Mitte des zweiten Lebensjahrs kommt es dann zum letzten großen Quantensprung in der Entwicklung der Kommunikationsfähigkeit, dem Erwerb der Sprache. Diese Fähigkeit wird wieder sehr stark durch die Interaktion mit den Bezugspersonen erlernt und so haben die Worte, die dabei erlernt werden, Wir-Bedeutungen, d.h. eine Bedeutung auf die sich Bezugsperson und Kind geeinigt haben.

Der Spracherwerb schafft eine neue Form der Kommunikation. Der Austausch von Erfahrungen ist nun leichter möglich, und die Verbundenheit mit der Bezugsperson wird enger. Andererseits ist die Entwicklung der Sprache ein zweischneidiges Schwert. Durch den großen Zeichenvorrat, den wir uns durch die Sprache angeeignet haben, können wir dieses Instrument sehr vielseitig nutzen. Andere Formen der Kommunikation werden jedoch dadurch in den Hintergrund gedrängt. Die Sprache kann aber meist nur einen Teil der Erfahrung, wenn auch einen repräsentativen, herausnehmen und darstellen. Alle anderen Bereiche der Wahrnehmung werden bei der Kommunikation in den unbewussten Bereich verdrängt.

> *Übung 6.2:*
>
> Überlegen Sie doch bitte einmal, welchen Einfluss die dargestellte Kommunikationsentwicklung auf die Kommunikation zwischen Erwachsenen hat? Wie beeinflussen Erfahrungen in der frühen Kindheit die para-, non- und extraverbalen Signale? Was bedeutet dies für die vier Seiten einer Botschaft? Wie ist diese frühkindliche Entwicklung mit den Axiomen von Watzlawick in Einklang zu bringen? Welche Aspekte des Sender-Empfänger-Modells werden durch diese Entwicklung geprägt?

6.2 Die acht Kommunikationsstile nach Schulz von Thun

Von den entwickelten Mustern erweisen sich einige mit der Zeit als erfolgreicher als andere, zum Beispiel wenn das Kind immer dann bekommt, was es will, wenn es schreit und weint oder wenn es Blödsinn macht und die Eltern zum Lachen bringt. Erfolgreiche Muster werden deshalb häufiger eingesetzt und bilden somit die Grundlage für den jeweiligen Kommunikationsstil eines jeden Menschen.

Im Erwachsenenalter können wir dann auf eine Vielzahl von Muster und Variationen zurückgreifen, aber je erfolgreicher Kommunikationsmuster in der frühen Kindheit waren, umso häufiger wenden wir diese auch im Erwachsenenleben an. Da die Variationsmöglichkeiten und die Ausprägungen dieser Muster von vielen Faktoren, wie Elternhaus und Erziehungsstil, persönlichem Temperament, Lebenserfahrung und dem Kontext in dem man sich bewegt, abhängt, entwickelt jeder Mensch eine eigene Art zu kommunizieren. Und selbst dieser persönliche Stil variiert abhängig von den Rahmenbedingungen, in denen man kommuniziert. Hier sei noch einmal an den Konstruktivismus von Watzlawick erinnert.

Dennoch gibt es verschiedene Versuche, diese Kommunikationsstile in Prototypen zusammenzufassen. Das in Deutschland wohl am weitesten verbreitete Modell ist das von Friedemann Schulz von Thun, von dem Sie bereits das Vier-Ohren-Modell kennen gelernt haben. Schulz von Thun unterscheidet acht Kommunikationsstile[9]. Jedem dieser Stile liegt ein Axiom zugrunde, das mit dem Selbstbild des Senders in Verbindung steht und seine Sichtweise auf sich und Andere widerspiegelt. Jeder dieser Stile hat eine eigene Art, Sach-, Beziehungs-, Appell- und Selbstoffenbarungsaspekt einer Botschaft zu gestalten. Die meisten Menschen können, je nach Situation, auf mehrere, wenn nicht sogar auf alle Stile zurückgreifen. Meistens bevorzugt man jedoch ein oder zwei Stile und vermeidet dafür andere, da man in seinem Leben die Erfahrung gemacht hat, mit dem einen Stil erfolgreicher gewesen zu sein als mit dem anderen.

---

[9] Vgl. Friedemann Schulz von Thun: Miteinander reden 2 – Stile, Werte und Persönlichkeitsentwicklung. Differentielle Psychologie der Kommunikation. Rowohlt. Reinbek, 1989.

Übung 6.3:

Bevor Sie sich mit den acht Stilen im Einzelnen beschäftigen, nehmen Sie sich doch einen Moment Zeit, um sich selbst einzuschätzen. Hierzu lesen Sie sich bitte die folgenden fünf Fragen durch. Verteilen Sie dann 100 Punkte so auf die möglichen Antworten, dass Sie pro Fragen mindestens einer Antwort 10 Punkte geben. Die restlichen 50 Punkte können Sie dann nach eigenem Gutdünken verteilen:

Frage 1	**Punkte**
Am besten fühle ich mich mit folgenden Adjektiven beschrieben:	
a) dominant und führungsstark	
b) hilfsbereit und belastbar	
c) vorsichtig und unsicher	
d) leistungsstark und konkurrenzfähig	
e) aufopfernd und anhänglich	
f) selbständig und introvertiert	
g) extrovertiert und kommunikationsstark	
h) selbstbewusst und überlegen	
Frage 2	
Ich finde mich häufig in folgenden Situationen wieder:	
a) Ich stehe sehr häufig im Konkurrenzdruck mit Anderen.	
b) Ich fühle mich häufig hilflos.	
c) Ich übernehme häufig Verantwortung für Andere.	
d) Ich begeistere meine Mitmenschen mit meinen Erzählungen.	
e) Ich setze mich bis zur Selbstaufgabe für Andere ein.	
f) Ich erledige meine Aufgabe oft alleine.	
g) Ich muss Anderen häufig sagen, wo es lang geht.	
h) Ich muss mich häufig gegen Angriffe Anderer zu Wehr setzen.	

(Beziehungs-)Bildung – ein Kommunikationstraining nicht nur für Lehrkräfte

Frage 3

Folgende Aussagen könnten auch von mir sein:

a) Das macht man aber anders.

b) Das erinnert mich an etwas, was ich selbst mal erlebt habe.

c) Ich weiß nicht, wie ich das schaffen soll.

d) Wenn Du meine Hilfe brauchst, kannst Du Dich ja melden.

e) Das geht Dich nichts an.

f) Wie kann man nur so blöd sein.

g) Das kriege ich mindestens genauso gut hin.

h) Wenn Du mir sagst, was ich tun soll, stehe ich zur Verfügung.

Frage 4

Im Umgang mit Anderen lege ich Wert auf…

a) … die Einhaltung von Regeln.

b) … Hilfsbereitschaft und Gleichbehandlung.

c) … klare Linien und geeignete Führung.

d) … den Eindruck, den ich bei Anderen hinterlasse.

e) … Menschen, die einen nicht im Stich lassen.

f) … die angemessene Distanz.

g) … die Wünsche meiner Kommunikationspartner.

h) … fairen Wettbewerb.

Frage 5
Wenn die Dinge nicht so laufen, wie ich mir das vorstellen, dann …
a) … werde ich schnell aggressiv.
b) … sage ich, wie es gemacht wird.
c) … versuche ich mich mehr zu engagieren.
d) … suche ich mir Hilfe.
e) … korrigiere ich meine Vorstellungen.
f) … suche ich den Schuldigen.
g) … ziehe ich mich zurück.
h) … lenke ich gerne ab.
Die Auflösung finden Sie im Anhang

In der Folge erhalten Sie eine umfangreiche Einführung in diese verschiedenen Stile.

6.2.1 Der bedürftig-abhängige Stil

Kommunikationsaxiom: Das seelische Axiom dieses Kommunikationsstils, das innere Selbstbild, lautet: „Ich kann gar nichts, bin schwach und hilflos. Das Leben überfordert mich."

Kommunikationsmuster: Menschen, die häufig in diesem Stil kommunizieren, neigen dazu, sich durch die Darstellung eigener Schwäche das Mitleid und die Hilfsbereitschaft ihrer Mitmenschen zu sichern. Sie fühlen sich nicht in der Lage, ihren Aufgaben gerecht zu werden. Deshalb bedienen Sie sich des bedürftig-abhängigen Kommunikationsstils, um Andere für ihre Aufgaben einzuspannen. Dem Gesprächspartner wird dabei das Gefühl von Stärke und Kompetenz vermittelt sowie Verantwortung übertragen.

Auf der **Sachebene** werden vor allem Probleme und Risiken thematisiert. Außerdem nutzten Bedürftige häufig Aussagen wie: „Ich muss …" statt „ich möchte/werde …" oder „ich kann nicht …" statt „ich will nicht…". Dadurch vermitteln sie den Eindruck, sie seien Getriebene ihres Schicksals. Die **Selbstkundgabe** ihrer Botschaft vermittelt den Eindruck eines kleinen und hilflosen Kindes, das unter schweren Lebensumständen zu leiden hat. So soll der Beschützerinstinkt des Empfängers geweckt werden. Die Botschaft auf dieser Ebene lautet: „Ich schaffe es nicht alleine mit meinen schwachen Kräften."

Für die **Beziehungsebene** bedeutet dies, dass sich eine Person mit diesem Kommunikationsstil selbst eine passive, untergeordnete Rolle zuweist und gleichzeitig dem Gesprächspartner die Machtposition des Stärkeren einräumt. „Du bist stark und kompetent." Dies ist das Beziehungsangebot, um den Interaktionspartner dazu zu bringen, sich auf diese Konstellation einzulassen. Das Gegenüber fühlt sich geschmeichelt, oder sogar aufgewertet und übernimmt deshalb gerne die Verantwortung.

Dieser Kommunikationsstil wird häufiger von Frauen genutzt, auch weil das Machtangebot von Männern besonders gerne angenommen wird. Das Spiel, auf das man sich in diesem Moment einlässt, ist jedoch zweischneidig. Durch die freiwillige Abgabe von Verantwortung und Macht wird dem Gegenüber auf der **Appellebene** die Verantwortung für die Lösung eines Problems oder die Bewältigung einer Aufgabe übergeben. Die Botschaft lautet: „Unterstütze und beschütze mich!"

Menschen, die überwiegend in diesem Kommunikationsstil kommunizieren, haben den Anspruch, dass sie im Gegenzug für die Aufgabe von Macht jederzeit und in jedem Umfang Hilfe in Anspruch nehmen können.

Ursprung: Menschen, bei denen dieser Kommunikationsstil dominiert, sind in der Regel in sehr behüteten Verhältnissen aufgewachsen. Sie mussten selten Verantwortung übernehmen oder durften kaum Entscheidungen selbst treffen. Mit der Zeit entsteht dadurch ein Gefühl der Unzulänglichkeit, das dazu führt, dass die Person wie gewohnt davon ausgeht, dass sie die Aufgabe nicht bewältigen kann. Die Konsequenz daraus ist, dass man auch im Erwachsenenalter immer nach Menschen sucht, die die Verantwortung übernehmen und helfen. Aufgaben und Herausforderungen werden stets als (zu) große Bürde wahrgenommen.

Auf der anderen Seite ist es für niemanden auf Dauer zu ertragen, dass er immer von Anderen abhängig ist. So ist dieser Kommunikationsstil häufig mit einer unterschwelligen Aggression gegenüber dem Helfer verbunden, die ein Rest an Unabhängigkeit erhalten soll.

Entwicklungspotential: Wenn Sie Ihren Kommunikationsstil als überwiegend bedürftig-abhängig diagnostiziert haben, dann sollten Sie an Ihrer Selbständigkeit arbeiten. Trauen Sie sich selbst etwas zu, gehen Sie Risiken ein und übernehmen Sie Verantwortung. Sie werden merken, dass Ihre Gesprächspartner Sie zunehmend ernster nehmen und Ihnen mit mehr Respekt begegnen.

Umgang mit bedürftig-abhängigen Kommunikationstypen: Lassen Sie sich – wenn möglich – nicht dazu verleiten, die Verantwortung für Menschen mit einem solchen Kommunikationsstil zu übernehmen. Auch wenn das Machtangebot verlockend sein mag. Sie gehen diesen Menschen damit in die Falle. Gerade im Umgang mit Schülern und Schülerinnen würde die Annahme der Verantwortung mittel- oder langfristig dazu führen, dass die Jugendlichen das Denken und Handeln einstellen und nicht den Weg in die Selbständigkeit finden. Dieses Muster ist vor allem für Lehrkräfte ein so großes Risiko, das wir im nächsten Kapitel noch einmal genauer beleuchten wollen. Lernen Sie gegenüber solchen Menschen „Nein" zu sagen und sie an ihre Verantwortung zu erinnern.

Ein weiteres Reaktionsmuster, das dieser Kommunikationsstil provoziert, ist eine überdeutliche Abgrenzung, die häufig zur Herabsetzung des Bedürftigen führt. Das ständige Einfordern von Hilfe schürt bei vielen Menschen Aggressionen. Wenn dies bei Ihnen der Fall ist, versuchen Sie diesen nicht freien Lauf zu lassen, da Sie durch ein solches Verhalten das Muster ebenfalls bestätigen und das Gefühl der Hilflosigkeit verstärken. Am sinnvollsten ist es,

Menschen mit einem bedürftig-abhängigen Kommunikationsstil zur Eigenverantwortung zu motivieren. Sprechen Sie ihnen das Vertrauen aus, loben Sie sie für selbständig erbrachte Leistungen und weisen Sie sie auf Ihre Verantwortung hin.

> *Übung 6.4:*
> Überlegen Sie doch bitte einmal, welchen Menschen mit bedürftig-abhängigem Kommunikationsstil Sie kennen und wie gut Ihnen eine erfolgreiche Kommunikation mit diesem Menschen gelingt.

6.2.2 Der helfende Stil

Kommunikationsaxiom: Das innere Selbstbild, das diesem Kommunikationsstil zugrunde liegt, lautet: „Ich muss Stärke zeigen und für Andere da sein, denn es wäre eine Katastrophe, wenn Andere mich als schwach und bedürftig sehen würden."

Kommunikationsmuster: Menschen mit diesem Kommunikationsstil neigen dazu, soziale Berufe zu wählen, so dass der helfende Stil unter Lehrenden sehr weit verbreitet ist. In der Fachliteratur werden seine Auswirkung und Spielarten häufig als Helfersyndrom bezeichnet. Solche Personen strahlen große Kraft und Fürsorge aus. Menschen fühlen sich in ihrem Umfeld geborgen, aber auch entmündigt. Menschen mit helfendem Kommunikationsstil ziehen Kraft und Bestätigung aus ihrem aufopfernden und gutmütigen Verhalten sowie der Dankbarkeit der Menschen, denen sie helfen.

Ihre **Selbstkundgabe** ist geprägt von Signalen der Belastbarkeit und Stärke. Sie lautet: „Ich bin stark und belastbar. Ich brauche niemand." Personen mit diesem Kommunikationsstil legen außerdem besonders großen Wert darauf, dass sie als ethisch gute und wertvolle Menschen wahrgenommen werden. Dadurch wird häufig die Angst vor der eigenen Schwäche überdeckt. Auf der **Sachebene** werden Chancen statt Risiken diskutiert. Die Themen drehen sich tendenziell mehr um den Interaktionspartner als um den Helfenden. Im Vordergrund stehen dabei dessen Sorgen und Probleme. Der **Appellaspekt** wird selten als Forderung formuliert. Vielmehr stehen hier Ratschläge und Empfehlung für den Hilfsbedürftigen im Vordergrund. Die Botschaft lautet: „Sag, wie kann ich Dir helfen? Was kann ich für Dich tun?"

Auf der **Beziehungsebene** passt dieser Kommunikationsstil sehr gut zu dem bedürftig-abhängigen, da der Helfer gerne die Verantwortung übernimmt und sich dafür mit Dankbarkeit bezahlen lässt. Das Beziehungsangebot lautet: „Du Armer, du tust mir leid. Ich übernehme gerne Verantwortung für Dich und helfe Dir." Deswegen umgeben sich Menschen, die vorwiegend in diesem Kommunikationsstil interagieren, vor allem mit Personen, die schwächer sind als sie. Durch die Erkenntnis, dass es Anderen ja noch viel schlechter geht als einem selbst, wird man nicht auf die häufig empfundene eigene Hilflosigkeit zurückgeworfen.

In der Abhängigkeit von der Hilfe Anderer steckt aber immer auch die Kränkung, dass man nicht alleine in der Lage ist, seine Aufgaben zu meistern. Dies trifft besonders in den Beziehungen mit bedürftig-abhängig Kommunizierenden zu, mit denen Helfer oft fatale Teufelskreise der Kommunikation eingehen. Deswegen gesellt sich zur Dankbarkeit in der Regel nach einer Weile Wut, welche Menschen mit helfendem Kommunikationsstil entgegengebracht wird. Diese Aggressionen werden von den Helfenden als Undankbarkeit wahrgenommen. Neben der Frustration und den damit verbundenen Aggressionen löst die vermeintliche Undankbarkeit bei den Helfern meist die Reaktion aus, sich noch mehr um ihre Schützlinge zu bemühen. Wut und Ehrgeiz beim Helfer sowie Unterlegenheits- und Abhängigkeitsgefühle beim Hilfsbedürftigen bilden so einen Teufelskreis, der immer tiefer in das Muster hineinführt.

Ursprung: Häufig wünschen sich Menschen mit einem tendenziell helfenden Kommunikationsstil selbst Hilfe zu bekommen, ohne dies jedoch kommunizieren zu können, was das Gefühl der Hilflosigkeit weiter verstärkt. In ihrer Vergangenheit haben sie die Erfahrung gemacht, dass Ihnen Hilfe, die sie eingefordert haben, nicht zuteilwurde. Meist handelt es sich bei solchen Menschen um ältere Geschwister, die früh Verantwortung übernehmen mussten. Positive Zuwendung bekamen sie nur dann, wenn Sie selbst mit anpackten. Die eigenen Bedürfnisse nach Geborgenheit werden deshalb auch noch im Erwachsenalter immer hinten angestellt. Die Anforderungen der Eltern lassen einen Menschen mit helfendem Kommunikationsstil die Rolle eines edlen, verantwortungsbewussten und gutmütigen Helfers anstreben. Neben der abstrakten Befriedigung, ein guter Mensch zu sein, sind auch die Dankbarkeit der Hilfsbedürftigen und das Gefühl von Stärke und Macht persönliche Kraftquellen.

Entwicklungspotential: Für Menschen, bei denen dieser Kommunikationsstil überwiegt, ist es wichtig, die eigenen Grenzen kennen zu lernen, Schwächen zuzugeben und selbst um Hilfe und Geborgenheit zu bitten. Dazu gehört es auch, „Nein" sagen zu lernen. Für viele, die diesem Kommunikationsmuster entkommen wollen, bedeutet dies, auch deutliche Änderungen im sozialen Umfeld vorzunehmen. Sich Menschen zu suchen, die einen stützen können, gehört demnach zu einem wichtigen Schritt auf dem Weg zur Befreiung aus diesem Muster.

Die Arbeit als Lehrerin oder Dozent verführt Menschen mit helfendem Kommunikationsstil immer wieder, sich diesem Kommunikationsstil hinzugeben. Die Gefahr einer Überforderung ist groß. Dennoch ist Hilfsbereitschaft auch ohne helfenden Kommunikationsstil möglich. Entscheidend ist dabei, die innere Distanz zu wahren und zu lernen, die Verantwortung beim Gesprächspartner zum Beispiel beim Schüler oder der Teilnehmerin zu belassen.

Umgang mit helfenden Kommunikationstypen: Grenzen Sie sich ab und lassen Sie sich Ihre Verantwortung nicht abnehmen. Zeigen Sie eigene Stärke und fragen Sie Ihrerseits, wie Sie Ihr Gegenüber entlasten können. Fragen Sie auch nach Bedürfnissen und achten Sie darauf, die richtige Distanz zu halten. Wichtig ist es aber auch, sich für geleistete Arbeit oder Hilfe zu bedanken. Ein weiteres Reaktionsmuster auf den helfenden Stil ist es nämlich, sich durch Zurückweisung und Abgrenzung vor der Vereinnahmung zu schützen. Dabei wird dann häufig die tatsächlich geleistete Arbeit nicht ausreichend gewürdigt.

> *Übung 6.5:*
>
> Überlegen Sie doch bitte einmal, welchen Menschen mit helfendem Kommunikationsstil Sie kennen und wie gut Ihnen eine erfolgreiche Kommunikation mit diesem Menschen gelingt.

6.2.3 Der selbst-lose Stil

Kommunikationsaxiom: „Ich bin unwichtig. Nur wenn ich Dir und anderen nützlich sein kann, bin ich etwas wert." lautet die innere Grundannahme.

Kommunikationsmuster: Dieser Kommunikationsstil ist dem helfenden Stil relativ ähnlich. Auch hier spielt die Ausrichtung auf die Bedürfnisse Anderer eine wesentliche Rolle. Im Gegensatz zum Helfer zeigt der Selbstlose jedoch keine Stärke oder Belastbarkeit sondern Hingabe bis zur Selbstaufgabe. Diese Verhaltensweise wird auch als Mutter-Theresa-Syndrom bezeichnet. Die **Selbstkundgabe** ist also geprägt von einem aufopfernden und bescheidenen Selbstbild. Dies wird mit der Botschaft „Ich bin nichts wert" verbunden. Häufig suchen sich Selbstlose starke Führungspersönlichkeiten als Vorbilder und Orientierungshilfe, denen sie sich hingeben. Die positiven Eigenschaften werden den Idolen zugeschrieben, während sich der oder die Selbstlose die Unzulänglichkeiten zuordnet.

Für die **Beziehungsebene** bedeutet dies, dass die selbstlose Person nicht gerne im Mittelpunkt der Aufmerksamkeit steht. Menschen mit einem solchen Kommunikationsstil passen sich ihrem Gegenüber wie ein Chamäleon an. Sie verschwinden als Person völlig und werden zum personifizierten Wunschbild ihres Interaktionspartners. Dies muss nicht bedeuten, dass man sich nur klein und schwach zeigt. Wünscht sich der Gegenüber eine starke Persönlichkeit, so sind Menschen dieses Kommunikationsstils durchaus in der Lage, auch diese Rolle anzunehmen. Der Gesprächspartner kann die Beziehung ganz nach seinen Vorstellungen gestalten, der Selbstlose wird sich allem anpassen. Dieses Beziehungsangebot „Sag mir, wie Du mich haben willst!" hat aber auch eine Kehrseite. Durch eine solche Haltung wird beim Gesprächspartner ständig das schlechte Gewissen geschürt. Einen so selbstlosen und bescheidenen Menschen verletzt man nicht und lässt ihn auf keinen Fall im Stich. Auf diese Weise binden Selbstlose ihre Kommunikationspartner an sich.

Darüber hinaus kann ein Mensch mit selbstlosem Kommunikationsstil auf diese Weise von den eigenen vermeintlichen Schwächen und Unzulänglichkeiten ablenken, weil er oder sie als Person auf der **Sachebene** gar nicht thematisiert wird. Auf der Sachebene beginnen Aussagen in der Regel mit Entwertungen des Gesagten. Sätze wie „Ich habe davon natürlich keine Ahnung, aber ..." oder „Du weißt das sicher besser, aber ..." oder „Das ist jetzt sicher ein dumme Frage, aber ..." benutzen Selbstlose häufig.

Der **Appellaspekt** der Botschaft eines Selbstlosen beginnt mit der Haltung: „Du bist das Maß der Dinge!" Der Selbstlose fordert deshalb Vorgaben ein, an die er sich halten kann. Auf einer tiefer liegenden Ebene bietet er darüber hinaus ständig Angriffsflächen für Verletzungen und Entwertungen. Selbst wertneutral gemeinte Äußerungen werden von Selbstlosen als Kritik oder Entwertung wahrgenommen.

Für den Interaktionspartner ist vor allem diese Tendenz gefährlich. Das Ergebnis ist, dass die meisten Menschen selbstlos Kommunizierenden gegenüber sehr vorsichtig formulieren, sie quasi mit Samthandschuhen anfassen. Auch auf diese Weisen kann man demnach das Verhalten Anderer beeinflussen. Diese Behandlung hat auf Dauer aber meist wenig Erfolg, da selbstlos Kommunizierende vor dem Hintergrund ihres Selbstbildes alle Aussagen als

Kritik verstehen. Deshalb schlägt eine vorsichtige Behandlung in vielen Fällen irgendwann in Aggression um.

Ursprung: Der Wunsch nach Harmonie und der unbedingte Wille, den Ansprüchen seiner Umwelt gerecht zu werden, legt nahe, dass Menschen mit selbstlosem Kommunikationsstil genau diese Harmonie in ihrer frühkindlichen Erfahrung vermisst haben. Ihre Bedürfnisse wurden selten geachtet oder sogar mit Aggressionen beantwortet. So haben sie gelernt möglichst keine Aufmerksamkeit auf sich zu ziehen und verhalten sich so, wie es von ihnen erwartet wird. Diese Überlebensstrategie zeigt, dass die wichtigste Bezugsperson eher bedrohlich gewirkt haben muss. Die Angst vor Trennung ist ein Indiz für eine wenig verlässliche Bindung. Erfahrungsgemäß bedeutet dies, dass diese Menschen im Umfeld eines aggressiv-entwertenden Kommunikationstypen aufgewachsen sind, den Sie im nächsten Abschnitt näher kennen lernen werden.

Entwicklungspotential: Sollten Sie sich im selbstlosen Kommunikationsstil wieder gefunden haben, so müssen Sie in erster Linie an Ihrem Selbstwertgefühl arbeiten. Sie gestalten Kommunikation so, dass ihre Umgebung Ihnen Ihr eigenes negatives Selbstbild immer wieder bestätigt. Erst wenn Sie gelernt haben, sich selbst anzunehmen, werden auch die Anderen Sie annehmen. Das Gebot der Nächstenliebe lautet: „Liebe Deinen Nächsten wie Dich selbst." Sie als selbstlos Kommunizierender sollten beachten, dass es nicht heißt „...mehr als Dich selbst." Um andere zu lieben und ihnen zu dienen, ist es notwendig, auch sich selbst zu lieben. Tut man dies nicht, so wird es auf Dauer nicht gelingen, in Bescheidenheit für Andere da zu sein.

Umgang mit selbstlosen Kommunikationstypen: Achten Sie darauf, wie Sie Menschen behandeln, bei denen der selbstlose Kommunikationsstil vorherrscht. Rechnen Sie damit, dass man Ihnen „nach dem Mund redet". Dies ist vielleicht die Antwort, die Sie hören wollen, aber möglicherweise nicht die richtige.

Rechnen Sie außerdem damit, dass Ihnen auch gut gemeinte Aussagen als Kritik oder Angriff ausgelegt werden. Als Reaktion auf diesen Vorwurf gibt es zwei klassische Verhaltensweisen. Die meisten Menschen neigen dazu, Personen mit selbstlosem Kommunikationsstil zunächst wie ein rohes Ei zu behandeln und möglichst vorsichtig zu formulieren. Da sich ein selbstloser Mensch jedoch in der Regel die Botschaften so zurechtlegt, dass er immer einen Angriff auf seine Person wahrnimmt, führt dies auf Dauer beim Gesprächspartner zu Aggressionen.

Diese Aggressionen sind eine zweite mögliche Reaktionsweise und Bestandteil eines Teufelskreises. Die geäußerten Aggressionen wird der Selbstlose nämlich erst recht als Aufforderung verstehen, sich noch stärker auf die Bedürfnisse seines Gesprächspartners einzurichten. Sie führen also nicht zur Abschwächung, sondern zur Verstärkung des Kommunikationsmusters. Deshalb ist es empfehlenswert, gegenüber Personen mit selbstlosem Kommunikationsstil Aussagen gut zu begründen und vorwiegend auf der Sachebene zu kommunizieren. Das Eingehen auf die Angebote der Beziehungsebene sollte – wenn möglich – vermieden werden. Fordern Sie Ihr Gegenüber zu eigenen Stellungnahmen auf und fragen Sie nach der ehrlichen Meinung Ihres Gegenübers. Wichtig ist, dass Sie dann auch in der Lage sind, diese Antwort stehen zu lassen, ohne sie wieder in Frage zu stellen.

Übung 6.6:

Überlegen Sie doch bitte einmal, welchen Menschen mit selbst-losem Kommunikationsstil Sie kennen und wie gut Ihnen eine erfolgreiche Kommunikation mit diesem Menschen gelingt.

6.2.4 Der aggressiv-entwertende Stil

Kommunikationsaxiom: Das Selbstbild eines Menschen, der vorwiegend in diesem Kommunikationsstil interagiert, lautet: „Ich bin selbst so schlecht und mache alles falsch, dass ich Erniedrigung verdient habe. Aber wehe, jemand merkt es! Deshalb ist Angriff die beste Verteidigung."

Kommunikationsmuster: Menschen mit einem aggressiv-entwertenden Kommunikationsstil treten dominant auf und scheinen von sich sehr eingenommen. Anderen sprechen sie jegliche Kompetenz ab. Das Gegenüber wird grundsätzlich als Rivale wahrgenommen, von oben herab behandelt und niedergekämpft. Dieses Verhalten lässt sich am besten mit „Angriff ist die beste Verteidigung" zusammenfassen. Aggressiv-entwertend Kommunizierende erwarten, für jeden Fehler gnadenlos bestraft zu werden. Um dieser Entwertung zuvorzukommen, sind sie selbst unnachgiebig gegenüber Anderen. Dabei wird dem Gegenüber häufig vor allem das Verhalten vorgeworfen, das man bei sich selbst versucht zu verbergen, nämlich das Zeigen von Schwäche und Versagen.

Entgegen des äußeren Eindrucks sind Personen, die überwiegend in diesem Stil kommunizieren, besonders sensibel für die **Beziehungsebene** einer Botschaft. Alles, was als Angriff interpretiert werden kann, wird bedingungslos bekämpft. Für solche Menschen ist es wichtig, dass sie in ihren Beziehungen immer die Oberhand behalten. Entsprechend umgeben sie sich gerne mit Jasagern und selbstlos kommunizierenden Gesprächspartnern, um konkurrenzlos zu bleiben. Sie sind in der Klasse oder einer anderen Gruppe meist die Meinungsführer und streben auch beruflich oft Führungspositionen an. Ihre Beziehungsbotschaft lautet: „Du bist selbst schuld!"

Die **Selbstkundgabe** konzentriert sich, wie bereits angedeutet, darauf, ein möglichst starkes und unantastbares Bild von sich zu vermitteln. Menschen mit diesem Kommunikationsstil treten dominant und offensiv bis aggressiv auf. Das Bild, das sie nach außen darstellen wollen, wird in der Botschaft „Ich bin der Größte. Mir kann keiner!" am besten zusammengefasst.

Die **Sachebene** wird dominiert von Angriffen und Schuldzuweisungen. Sätze beginnen häufig mit „Du hast...", „Du musst ..." oder „Du bist...". Der **Appell** ist meist verbunden mit der Forderung nach Aufgabe und Unterordnung und wird in der Botschaft „Gib auf! Gib Deine Schuld zu!" zusammengefasst.

Ursprung: Menschen mit einem aggressiv-entwertenden Kommunikationsstil haben ihre Umwelt stets als bedrohlich erlebt. Häufig sind sie selbst Kinder von aggressiv-entwertenden Eltern. Im Gegensatz zu den Selbstlosen haben Sie jedoch nicht klein beigegeben und ziehen ihren Selbstwert daraus. Aus diesem Grund reagieren diese Menschen meist besonders aggressiv auf selbstlos Kommunizierende. Sie selbst haben schon als Kind in der Angst gelebt, für jeden Fehler gnadenlos bestraft zu werden. Dementsprechend versuchen Sie bereits im Vorfeld die Fronten zu klären. Eigene Schwächen werden durch übertrieben zur Schau gestellte Härte und Stärke überdeckt. Eine verbindliche Beziehung, die auf beiderseitigem Respekt beruht, wird so sehr schwierig.

Entwicklungsmöglichkeiten: Wenn Sie zum aggressiv-entwertenden Kommunikationsstil neigen, sollten Sie lernen, Ihren Mitmenschen mehr Vertrauen entgegenzubringen. Das bedeutet, dass Sie vor allem lernen müssen, eigene Fehler einzugestehen und konstruktive Kritik anzunehmen. Nur so werden Sie in der Lage sein, selbst konstruktive Beiträge zu einer Kommunikation zu leisten. Dabei hilft es, sich selbst zurückzunehmen und Anderen mehr Raum zu geben. Dadurch ermöglichen Sie neben hierarchischen auch gleichberechtigte Beziehungen. Vermeiden Sie außerdem persönliche und vor allem verletzende Kommentare.

Umgang mit aggressiv-entwertenden Kommunikationstypen: Lassen Sie sich – wenn möglich – nicht auf Machtkämpfe ein. Menschen dieses Schlages werden nicht aufgeben, bevor sie gewonnen haben. Versuchen Sie die Auseinandersetzung möglichst auf der Sachebene zu halten und Argumente gründlich zu untermauern. Vermeiden Sie Angriffsflächen und gehen Sie mit eigenen Schwächen souverän um. Dadurch nehmen Sie Ihrem Gegenüber die Munition.

Im beruflichen Kontext kommt es darauf an, in welcher formalen Beziehung Sie zu Ihrem Kommunikationspartner stehen. Als Lehrer oder Dozentin müssen Sie darauf achten, dass Ihre Autorität im Bezug auf die gesamte Gruppe nicht untergraben wird. Konfrontation ist hier jedoch meist das falsche Mittel. Zeigen Sie Souveränität in der Beziehung, aber Klarheit in der Sache. Zeigen Sie Grenzen auf und verhängen Sie Sanktionen konsequent, ohne emotional zu reagieren. Dabei hilft Ihre Position des Unterrichtenden, auf die Sie gerne explizit verweisen können. Im Zweifelsfall sollten Sie den Kommunikationsstil des Gesprächspartners zum Thema machen, und ihn so in eine Rechtfertigungsposition bringen.

Im Umgang mit Kunden und Vorgesetzten, die in diesem Stil kommunizieren, wird es jedoch schwieriger. In letzter Instanz hilft hier noch Abgrenzung und Rückzug, bevor man selbst emotional betroffen ist.

Übung 6.7:
Überlegen Sie doch bitte einmal, welchen Menschen mit aggressiv-entwertendem Kommunikationsstil Sie kennen und wie gut Ihnen eine erfolgreiche Kommunikation mit diesem Menschen gelingt.

6.2.5 Der sich beweisende Stil

Kommunikationsaxiom: Für den so Kommunizierenden gilt das seelische Axiom: „Mein Wert wird durch meine Leistung definiert. Ich als Person habe keinen eigenen Wert."

Kommunikationsmuster: Konkurrenzkampf und Wettbewerb bestimmen das Verhalten von Menschen mit diesem Kommunikationsstil. Sie heben ständig ihre Leistung hervor und suchen nach Anerkennung dafür. Menschen werden in Gewinner und Verlierer aufgeteilt. Ein Schwarz-Weiß-Denken prägt diesen Stil aber auch in anderen Bereichen. Entweder ist eine Leistung vollkommen oder vollkommen wertlos. Menschen, die sich ständig beweisen müssen, sehen in jedem Mitmenschen einen Konkurrenten und nehmen jede Situation als Herausforderung wahr. Pointiert dargestellt wird dieses Verhalten in dem bekannten Werbespot: „Mein Auto, mein Haus, mein Boot…"

Solche Menschen bieten in der **Selbstkundgabe** eine perfekte Oberfläche, die den Eindruck eines erfolgreichen und glücklichen Menschen wiedergibt. Ständig werden geleistete Arbeit, Wissen, Bildungsgrad, Reichtum und Statussymbole hervorgehoben und mit denen der Konkurrenten verglichen. Dies gipfelt in der Botschaft: „Ich bin fehlerfrei und sowieso der Beste." Hinter der Fassade nagen an diesen Menschen jedoch häufig Selbstzweifel und Angst zu versagen. Tatsächlich werden sie nämlich von ihrem eigenen hohen Anspruch getrieben, der nie erfüllt werden kann, weil er Perfektion fordert.

Auf der **Beziehungsebene** findet meist der bereits erwähnte Konkurrenzkampf statt. Kann aufgrund der Konstellation kein Konkurrenzkampf stattfinden, wie zum Beispiel zwischen Schüler und Lehrer, so wird der Kommunikationspartner in die Position des Richters gedrängt. Die Beziehungsbotschaft lautet: „Du sollst mich (positiv) beurteilen oder mit mir konkurrieren!" Auf diesen übermäßigen Ehrgeiz reagiert das Umfeld in der Regel auf zwei Weisen. Die Einen nehmen den Konkurrenzkampf an und streiten darum, wer der Bessere ist. Dies kann bisweilen groteske Züge annehmen. Stellen Sie sich nur einmal die Situation zwischen zwei Professoren vor, die in einem sich beweisenden Stil über Forschungsergebnisse diskutieren oder zwei Jugendliche aus rivalisierenden Gangs, die sich verbal bekriegen. Andere wiederum fühlen sich bedrängt und reagieren unwirsch bis hin zum Rückzug.

Auf der **Sachebene** werden vor allem die eigenen Leistungen hervorgehoben und in den höchsten Tönen gelobt. Der **Appell**, den der sich beweisende Kommunikationstyp an seine Gesprächspartner richtet, lautet: „Lobe und bewundere mich! Bringe mir den gebührenden Respekt entgegen!"

Ursprung: In Familien von Menschen, die überwiegend im sich beweisenden Stil kommunizieren, ist Leistung und Erfolg die wichtigste Möglichkeit, Anerkennung zu erlangen. Vor allem herausragende Leistungen und ständige Leistungssteigerungen waren Garanten für die Zuneigung der Bezugspersonen. Dieses Prinzip ist bis zum Erwachsenenalter so verinnerlicht, dass es zur Selbstverständlichkeit geworden ist. Eine emotionale zwischenmenschliche Beziehung wird vom sich Beweisenden zugunsten einer funktionalen aufgegeben. Das Einzige, was zählt, ist Leistung.

Entwicklungspotential: Sollten Sie sich in diesem Kommunikationsstil wieder erkannt haben, so ist es wichtig, dass Sie sich mit Ihrer menschlichen Seite anfreunden. Nehmen Sie sich selbst so an, wie Sie sind. Geben Sie Ihr Denken in Schwarz-Weiß-Kategorien auf und lassen Sie verschiedene Sicht- und Lebensweisen nebeneinander bestehen. Dazu ist es häufig hilfreich, den Blick von außen, also auf die Anderen, nach innen, also auf das eigene Innenleben, zu richten. Möglicherweise werden Sie feststellen, dass Sie über so viele Qualitäten verfügen, dass Sie der Anerkennung Anderer gar nicht brauchen.

Umgang mit sich beweisenden Kommunikationstypen: Lassen Sie sich nicht auf einen Konkurrenzkampf ein. Vermitteln Sie einem Menschen, der überwiegend in diesem Stil kommuniziert, vor allem, dass Sie ihn als Mensch schätzen und dass Sie gemeinsam mehr erreichen können, als wenn Sie sich bekämpfen.

Im Unterrichtskontext ist durch die komplementäre Beziehungskonstellation zwischen Lehrer und Schüler eine Konkurrenzsituation eher selten. Häufiger vorkommen kann dieser Kommunikationsstil jedoch in der Erwachsenenbildung. Dann wird meist die Kompetenz des Dozenten in Frage gestellt. Noch häufiger werden Dozenten und Lehrerinnen jedoch von Menschen mit diesem Kommunikationsstil in die Richterrolle gedrängt. Schülerinnen oder Teilnehmer wollen der Lehrkraft dann durch besonders gute Leistung gefallen und sind ständig um Lob und Anerkennung bemüht.

Als Lehrkraft sollten Sie sich unter keinen Umständen mit Ihren Teilnehmern oder Schülerinnen auf einen Kompetenzwettstreit einlassen. Welche Wege Sie hier nutzen können, werden wir im zweiten Teil dieses Buches noch einmal genauer beleuchten. Aber auch in der Richterrolle sollten Sie darauf achten, die Distanz zu wahren, denn die Sucht nach Anerkennung ist bei diesem Kommunikationsstil nahezu unersättlich. Auf der anderen Seite ist ein genervtes Zurückweisen ebenfalls Ansporn, weiterhin um diese Anerkennung zu kämpfen.

Übung 6.8:
Überlegen Sie doch bitte einmal, welchen Menschen mit sich beweisendem Kommunikationsstil Sie kennen und wie gut Ihnen eine erfolgreiche Kommunikation mit diesem Menschen gelingt.

6.2.6 Der bestimmend-kontrollierende Stil

Kommunikationsaxiom: Das innere seelische Axiom lautet: „Die Welt in mir und um mich herum ist völlig chaotisch. Man kann ihr nur Herr werden, indem man sich an strenge Regeln hält. Nur so kann ich mich kontrollieren und ein anständiger Mensch sein."

Kommunikationsmuster: Regeln, Normen und Tradition sind für Menschen mit diesem Kommunikationsstil äußerst wichtig. Diese werden als objektiv und absolut wahrgenommen. Auf der **Sachebene** einer Botschaft des bestimmend-kontrollierenden Stils findet man deshalb häufig Sätze wie: „Das macht man so.", „Das gehört sich so." oder „Beim Essen singt man nicht." Die eigene Position wird verabsolutiert und so zum Maßstab für das Verhalten aller.

Personen, bei denen dieser Stil dominiert, haben nur wenig Vertrauen in sich und Andere. Deshalb fürchten sie nichts mehr als Kontrollverlust und sind der Auffassung, alles selbst machen zu müssen, damit sie sicher sein können, dass es ordentlich gemacht wird. Diesem Verhalten liegt eine tief greifende Angst vor Veränderung und Chaos zugrunde. Menschen mit dieser Grundhaltung fehlt das so genannte Urvertrauen, das in dem Satz „Es wird schon schief gehen" treffend zusammengefasst ist. In der **Selbstkundgabe** stellt sich diese Angst häufig als grimmiger Zorn über die Unfähigkeit der Anderen dar. Die Botschaft lautet: „So macht man das nicht. Ich weiß wie es richtig ist!" Bestimmend-kontrollierende Gesprächspartner vermitteln demnach den Eindruck, als seien sie davon überzeugt, einfach alles besser zu wissen und für alles eine Antwort zu haben.

Das Gefühl ständiger Überlastung begleitet solche Menschen und sie vermitteln ihrem Umfeld auf der **Beziehungsebene** das Gefühl von Unfähigkeit. Dieses Gefühl basiert auf dem fehlenden Vertrauen, das in der Botschaft gipfelt: „Du bist ein Risikofaktor, machst mir nur Arbeit und deshalb muss ich Dich kontrollieren." Dies setzt eine überwiegend komplementäre und hierarchische Beziehung voraus und erschwert somit symmetrische Beziehungskonstellationen.

Der **Appellaspekt** der Botschaft ist in der Regel eine Aufforderung zur Verhaltensanpassung an die Vorgaben des Senders. Sie lauten zum Beispiel „Das macht man so und so!" oder „Es gehört sich nicht, dass …". Diese Appelle sind dann gepaart mit einem vorwurfsvollen Tonfall, der die Selbstverständlichkeit des Anliegens unterstreicht. Auf der **Sachebene** werden deshalb häufig Vorwürfe formuliert. Dabei wird für die Formulierungen nicht die persönliche Form, sondern die unpersönliche genutzt. Statt „Ich möchte Dich bitten, Deine Schuhe beim Betreten der Wohnung auszuziehen." lautet die Formulierung dann „Man zieht die Schuhe aus, wenn man eine fremde Wohnung betritt. Das gebietet die Höflichkeit".

Ursprung: Bestimmende und kontrollierende Menschen haben als erste Beziehungserfahrung erlebt, dass vitale und spontane Regungen sofort durch Normen und Regeln eingeschränkt oder sogar unterbunden wurden. Um nicht ständig auf Konfrontationskurs zu gehen, verinnerlichen diese Menschen die ihnen vorgegebenen Regeln und werden zum Kontrolleur der Einhaltung. Deshalb unterbinden sie vitale Impulse bereits in ihrer Entstehung. Solche

Regungen werden im Erwachsenenalter als bedrohlich wahrgenommen und führen bei Kontrollverlust zu grimmigem Zorn bis Panik.

Menschen mit einem bestimmend-kontrollierenden Kommunikationsstil haben häufig eine angepasste Kindheit verbracht, die in einer wilden und rebellierenden Jugend mündete. Im Erwachsenenleben beugen sich diese Menschen aus Angst vor den Folgen ihrer Rebellion häufig wieder den Vorgaben ihrer Kindheit.

Entwicklungspotenzial: Sollten Sie sich in diesem Kommunikationsstil wiedergefunden haben, so sollten Sie sich darum bemühen, mehr Vertrauen in das Leben zu entwickeln. Gehen Sie das Risiko unklarer Situationen ein, deren Ausgang nicht von vornherein festgelegt ist, und verzichten Sie auch gegen innere Widerstände auf Kontrolle. Dies funktioniert nur dann, wenn Sie verschiedene Denkweisen nebeneinander bestehen lassen. Es gibt nicht nur einen Weg, sondern „viele Wege führen nach Rom."

Menschen mit diesem Kommunikationsstil sollten sich um eine Sprache bemühen, die nondirektiv, persönlich und explizit subjektiv ist.

Umgang mit bestimmend-kontrollierenden Kommunikationstypen: Die zwei häufigsten Reaktionsmuster auf den bestimmend-kontrollierenden Kommunikationsstil sind eine dankbare Abgabe der Kontrolle, wie es häufig bei bedürftig-abhängigem oder selbst-losem Stil vorkommt, oder eine Gereiztheit, die irgendwann in den inneren Rückzug mündet, um den Kontrollmechanismen des Gesprächspartners zu entgehen. Beide Verhaltensweisen führen jedoch dazu, dass das Beziehungsmuster des Bestimmenden bestätigt und somit verstärkt wird.

Um sich diesem Kommunikationsstil zu erwehren, bedarf es eines großen Maßes an innerer Stabilität. Gehen Sie deshalb in Gespräche mit solchen Menschen erst dann, nachdem Sie für sich Klarheit gewonnen haben, wie Sie das zu besprechende Thema behandeln wollen. In einem ersten Schritt können Sie Kontrollversuchen entgegenwirken, wenn es Ihnen gelingt, die formalen

Regeln für die Interaktion als gemeinsame Grundlage zu definieren. Bleiben Sie dabei offen für die Argumente ihres Gesprächspartners und weisen Sie Übergriffe in Ihren Verantwortungsbereich freundlich, aber bestimmt zurück.

Achten sie außerdem darauf, nicht selbst in verallgemeinernde Formulierungen zu verfallen, sondern nutzen Sie Fragetechniken, nondirektive Kommunikationstechniken und explizit subjektive Formulierungen, um ein Gegengewicht zu schaffen.

> *Übung 6.9:*
> Überlegen Sie doch bitte einmal, welchen Menschen mit bestimmend-kontrollierendem Kommunikationsstil Sie kennen und wie gut Ihnen eine erfolgreiche Kommunikation mit diesem Menschen gelingt.

6.2.7 Der sich distanzierende Stil

Kommunikationsaxiom: Das seelische Axiom, das diesem Verhalten zugrunde liegt, lautet: „Wenn ich mich öffne und zeige, werde ich gleich vereinnahmt. Nähe birgt für mich deshalb die große Gefahr von Abhängigkeit. Dann bin ich Verletzungen ausgesetzt und verliere meine Identität."

Kommunikationsmuster: Menschen mit diesem Stil neigen zur kühlen, rationalen und distanzierten Kommunikation. Die **Sachebene** steht im Vordergrund, auf der überwiegend Daten und Fakten ausgetauscht werden. Aus Angst vor Verletzungen werden die emotionalen Anteile der Kommunikation so weit wie möglich ausgeblendet. Deshalb reduzieren Menschen in diesem Stil ihre Kommunikation soweit wie möglich auf die verbale Ebene. Signale der extraverbalen, nonverbalen und paraverbalen Systeme werden ignoriert oder gar für irrelevant erklärt.

Zu dieser Kommunikationsweise neigen tendenziell mehr Männer als Frauen. Auf das Umfeld wirkt diese Form der Kommunikation souverän, aber auch abweisend bis arrogant. In den Führungsetagen der freien Wirtschaft findet man viele Menschen, die in diesem Stil kommunizieren.

Ein distanzierter Mensch gibt kaum etwas über sich preis. Die **Selbstkundgabe** in einer Botschaft ist deshalb oft: „Ich will keine Nähe, keinen persönlichen Kontakt." Dahinter steckt die Angst, durch das Übermitteln persönlicher oder gar emotionaler Informationen Angriffsflächen für Kritik oder andere Verletzungen zu bieten. Deswegen lässt sich die Grundbotschaft der Selbstkundgabe auch wie folgt formulieren: „Was in mir vorgeht, geht Dich nichts an – außerdem geht in mir gar nichts vor!"

Auf der **Beziehungsebene** spielt die Angst vor Abhängigkeit die größte Rolle. Der Distanzierte traut sich selbst nicht über den Weg und befürchtet als Konsequenz auf ein emotionales Einlassen die Abhängigkeit vom Gesprächspartner. Um diese zu vermeiden machen Personen, die in diesem Stil kommunizieren, möglichst keine Beziehungsangebote. Sie gehen mit der Botschaft „Du kommst mir zu nahe und bist irrational emotional!" ständig auf Distanz zu ihrem Gegenüber. Damit wird die Wahrnehmung der eigenen Innenwelt auf den Kommunikationspartner projiziert. Auf der **Appellebene** gipfelt dies in der Botschaft: „Bleib weg!"

Ursprung: Der distanzierte Kommunikationsstil hat seinen Ursprung in einer Beziehung zu einer Bezugsperson, die so vereinnahmend war, dass nur ein innerlicher Rückzug ein gewisses Maß an Unabhängigkeit ermöglicht hat. Stark verbreitet ist dieser Kommunikationsstil unter Männern, die in ihrer Kindheit als Ersatz-Ehemann für ihre Mütter fungiert haben. Diese emotionale Überforderung vor allem der Jungen bei fehlender Identifikationsfigur durch den abwesenden Vater, führt häufig zu einem emotionalen Rückzug. Der Sohn entzieht sich der Mutter durch emotionale Distanz. Aber auch eigene Gefühle werden vom Kind als zwiespältig und somit als bedrohlich empfunden, weil sie oft in Ambivalenzen zwischen Wut über die Vereinnahmung und Liebe zur Bezugsperson gefangen waren. So werden auch die eigenen Gefühle immer stärker in den Hintergrund gedrängt.

Die Erfahrungen allein gelassen zu werden, keine verlässlichen Bezugspersonen zu haben, oder solche mit starken emotionalen Schwankungen, sowie das Gefühl unerwünscht zu sein, können ebenfalls diese Haltung provozieren. Immer dann, wenn Emotionen überwiegend als negative, unzuverlässige oder sogar verletzende Erlebnisse wahrgenommen werden, wird ihre Bedeutung in der Kommunikation so weit wie möglich reduziert.

Entwicklungspotential: Um die Distanz zwischen sich und seinen Kommunikationspartnern zu überwinden, ist die Erfahrung wichtig, dass emotionale Nähe nicht nur gefährlich sein kann, sondern das Leben auch sehr bereichert. Dies gelingt nur, wenn man das Risiko eingeht und Nähe zulässt. Hier wird ein Teufelskreis deutlich, der nur schwer zu überwinden ist. Nur wenn es Ihnen gelingt, Situationen zu schaffen und zu nutzen, in denen Sie emotionale Nähe in geschütztem Rahmen erfahren, können Sie dieses Muster durchbrechen. Zeigen Sie Ihren Mitmenschen, wie Sie sich fühlen, sei es nun Ärger, Trauer, Freude oder Wut. Beginnen Sie damit, dies auf der Sachebene zu thematisieren, was Ihnen wahrscheinlich leichter fällt. In einem zweiten Schritt erlauben Sie sich, diese Gefühle auch zu zeigen. Versuchen Sie außerdem, auch die Gefühle Ihrer Interaktionspartner bewusst wahrzunehmen und auf sie zu reagieren, anstatt sie zu ignorieren.

Umgang mit distanzierten Kommunikationstypen: Zeigen Sie deutlich, dass Ihnen die Gefühle und Gedanken ihres Kommunikationspartners wichtig sind und legen Sie die anfängliche Distanz nicht als Arroganz, sondern eher als Unsicherheit aus. Wenn Sie sich um einen persönlichen Kontakt bemühen, wird sich Ihr Gesprächspartner möglicherweise auch Ihnen gegenüber öffnen. Bemühen Sie sich dabei um offene Fragen, also Fragen, die nicht mit ja oder nein beantwortet werden können und fragen Sie ihn nach seiner Meinung. Doch respektieren Sie stets auch den Wunsch nach Distanz und versuchen Sie nicht Ihr Gegenüber aus der Reserve zu locken. Damit werden Sie mit hoher Wahrscheinlichkeit das Muster nur bestätigen und somit verfestigen.

> *Übung 6.10:*
> Überlegen Sie doch bitte einmal, welchen Menschen mit sich distanzierendem Kommunikationsstil Sie kennen und wie gut Ihnen eine erfolgreiche Kommunikation mit diesem Menschen gelingt.

6.2.8 Der mitteilungsfreudig-dramatisierende Stil

Kommunikationsaxiom: Die eigene seelische Realität lautet „Eigentlich interessiert es niemanden, wie ich mich fühle. Ich bin uninteressant. Nur wenn ich viel Wirbel um mich mache und mich in den Vordergrund spiele, werde ich beachtet."

Kommunikationsmuster: Menschen mit überwiegend diesem Kommunikationsstil stehen sehr gerne im Mittelpunkt. Durch lange Monologe wird das Publikum gezwungen, dem Redner Aufmerksamkeit zu schenken. Die **Selbstkundgabe** steht im Vordergrund und lautet: „Hört mich an wie interessant ich bin!"

Dabei neigen Mitteilungsfreudige dazu, sehr emotional zu kommunizieren und wirken dabei bisweilen überdreht. Auf der anderen Seite kommt es auch immer wieder zu Signalen, die nicht zum Gesamtbild passen. Dieser Eindruck führt dazu, dass Gesprächspartner die Botschaft bisweilen nicht für echt halten. Dies liegt daran, dass hinter der freudigen und überdrehten Selbstdarstellung häufig eine große Leere steckt, die durch den Wirbel, den solche Menschen um sich machen, gefüllt wird. Es ist oft der einzige Weg für solche Menschen, sich selbst wahrzunehmen. Der **Appell** an ihre Umwelt lautet also: „Schenk mir Deine Aufmerksamkeit und glaube meiner Geschichte." Wenn dies gelingt, fühlen sich Personen, die überwiegend im mitteilungsfreudig-dramatisierenden Stil kommunizieren, wirklich wichtig. Je schlechter sie sich fühlen, desto stärker werden sie deshalb dramatisieren.

Ein Mensch mit diesem Stil möchte vor allem eins: Beachtet werden. Dabei ist es unwichtig, wer dem Mitteilungsfreudigen zuhört, Hauptsache er hat Publikum. Ein echtes Feedback braucht der Mitteilsame nicht. Seine Botschaft auf der **Beziehungsebene** lautet deshalb: „Du bist mir so lange wichtig, wie Du mir Deine ungeteilte Aufmerksamkeit schenkst. Wenn Du Dich abwendest, lass ich Dich fallen und suche mir ein neues Publikum."

Auf der **Sachebene** gibt es eigentlich nur ein Thema: Sich selbst. Jedes Detail aus dem eigenen Leben wird breitgetreten, solang diese Person nur genügend Aufmerksamkeit bekommt.

Ursprung: Ursprung dieses Stiles ist meist eine Kindheit, in der diese Personen nur dadurch Aufmerksamkeit bekamen, indem sie den Kasper gespielt haben und die Erwachsenen, respektive die Bezugspersonen, unterhalten haben. Einen Selbstwert jenseits der Bühne, auf der sie ständig stehen, konnten diese Menschen nie aufbauen. So haben Sie sich daran gewöhnt, sich in den Mittelpunkt zu spielen und ihre Methoden den Umweltbedingungen angepasst.

Meist kommunizieren Bezugspersonen aus der Herkunftsfamilie dieser Menschen in einem distanzierenden Kommunikationsstil, der nur durchbrochen wurde, wenn man besonders viel Wirbel um sich und sein Leben gemacht hat.

Entwicklungspotential: Menschen, die oft in diesem Stil kommunizieren, sollten häufiger innehalten und ihre Wahrnehmung auf die scheinbare innere Leere richten. Wer die Stille eine Weile aushält, wird erfahren, dass dieses innerlich aktive Zuhören ganz neue und wertvolle Seiten in ihm oder ihr aufdeckt. Versuchen Sie, sich stärker auf die Beiträge Ihrer Kommunikationspartner zu konzentrieren und Kommunikation statt als monologische Selbstbezogenheit als Austausch von Information zu verstehen.

Dabei kann es von Bedeutung sein, bewusst längere Pausen zwischen verschiedenen Redebeiträgen einzufügen und zu sortieren, was wirklich für das Gegenüber interessante Informationen sind.

Umgang mit mitteilungsfreudig-dramatisierenden Kommunikationstypen: Üblicherweise gibt es zwei Reaktionsmuster auf diesen Kommunikationsstil. Vor allem zu Beginn sind die meisten Menschen fasziniert von den aufregenden und unterhaltsamen Anekdoten des Mitteilungsfreudigen. Auf diesen

Kommunikationsstil wirkt dies als positive Verstärkung. Diese Personen werden ihren Kommunikationsstil aufrechterhalten oder gar verstärken.

Nach einer Weile tritt jedoch eine Gewöhnung ein. Die spannendsten Geschichten sind erzählt und nun will man selbst zum Zug kommen. Der bestärkte Kommunikationsstil des Mitteilungsfreudigen lässt dies jedoch nicht zu. Nun nehmen die Zuhörer wahr, dass sie im Prinzip austauschbar sind und reagieren ungehalten.

Wenn Sie dennoch mit Personen dieses Kommunikationsstils erfolgreich kommunizieren wollen, versuchen Sie frühzeitig zu intervenieren. Tun Sie dies nicht, indem Sie die Beiträge des Mitteilungsfreudigen abwerten. Dadurch wird dieser sich nur zurückziehen. Erfolgsversprechender ist die Strategie des aktiven Zuhörens. Versuchen Sie die Beiträge solcher Menschen gezielt zu steuern, indem Sie durch geschlossene Fragen oder Rangierfragen auf das Thema zurückführen. Hilft dies nicht, so weisen Sie den Menschen, der in diesem Stil kommuniziert, freundlich, aber bestimmt auf seine Kommunikationsanteile hin und bitten ihn, nun auch einmal Andere zu Wort kommen zu lassen. Gelingt auch dies nicht, müssen Sie ihn immer wieder deutlich in die Schranken weisen, da er von sich aus nicht auf seine Bühne verzichten wird.

> *Übung 6.11:*
> Überlegen Sie doch bitte einmal, welchen Menschen mit mitteilungsfreudig-dramatisierendem Kommunikationsstil Sie kennen und wie gut Ihnen eine erfolgreiche Kommunikation mit diesem Menschen gelingt.

Natürlich sind alle acht Prototypen im wirklichen Leben in Reinform nicht anzutreffen. Vielmehr handelt es sich bei dem Modell um eine Verallgemeinerung typischen Kommunikationsverhaltens. Jedes Kommunikationsmuster beruht auf der eigenen Erfahrung und kein psychisch gesunder Mensch ist auf ein oder zwei Kommunikationsmuster beschränkt.

In der oben besprochenen Synchronisation suchen die beiden Interaktionspartner nach bekannten Mustern im Verhalten des Andern und versuchen, eigene Muster als Synchronisationsgrundlage in die Beziehung mit einzubringen. Gelingt es, kompatible Muster auf beiden Seiten zu finden, so findet eine Synchronisation statt. Der Abgleich läuft zwischen zwei Erwachsenen also nie ganz ergebnisoffen ab, sondern ist der Versuch, eigene Kommunikationsmuster in die Kommunikation einzubringen und so eine gemeinsame Wellenlänge zu finden.

Selbstverständlich ist dieser sehr komplexe Prozess des Abtastens und Annäherns in den allermeisten Fällen nicht bewusst, dennoch können Sie das Wissen um diese Abläufe auch bewusst nutzen, um den Beziehungsaufbau zu Ihren Schülerinnenn, Vorgesetzen und Kollegen erfolgreich zu gestalten.

Mit Abschluss dieses Kapitels haben wir nun eine Grundlage geschaffen, die wir im zweiten Teil in praktische Tipps zur Arbeit als Lehrkraft umsetzen können.

Teil 2: Umsetzung

1. Erkennen Sie Ihren Beitrag!

Den ersten Schritt haben Sie zum Teil schon im Zusammenhang mit der Erarbeitung der Grundlagen geleistet. Denn um das eigene Kommunikationsverhalten zu verbessern, ist es sinnvoll und notwendig, zunächst zu reflektieren, wie man bisher vorwiegend kommuniziert hat. Dies gilt insbesondere für die Beziehungsangebote, die man bisher gemacht hat. Eine gründliche Inventur der eigenen Stärken und Schwächen ist deshalb der erste Schritt dieses Arbeitsprogramms.

Übung 7.1:

Bitte bearbeiten Sie zunächst folgenden Fragebogen, der Sie bei der Reflektion auf das eigenen Kommunikationsverhalten unterstützen soll:

Reflexionsfragebogen Kommunikationsverhalten

1. Halten Sie zunächst die drei Kommunikationsmuster fest, in denen Sie am häufigsten kommunizieren:

2. Darüber hinaus sollten Sie dokumentieren, welche(s) Muster Sie kaum oder gar nicht nutzen können:

3. Mit welchen Kommunikationsmustern können Sie nur sehr schwer umgehen?

4. Was ist im Umgang mit anderen Menschen Ihre größte Stärke?

5. Womit tun Sie sich im Umgang mit anderen Menschen am schwersten?

Die Analyse des eigenen Kommunikationsverhaltens ist die Grundlage für eine optimale Nutzung der eigenen Kompetenzen. Nur wer seine Stärken und Schwächen kennt, kann sie sinnvoll einsetzen.

Doch wie definiert man Stärken und Schwächen im Zusammenhang mit Kommunikation? Als Stärken wollen wir für unseren Kontext solche

Kommunikationsmuster und Verhaltensweisen bezeichnen, die eine tragfähige, vertrauenswürdige und für den Schüler verlässliche Beziehung ermöglichen. Als Schwächen bezeichnen wir demnach in diesem Zusammenhang solche Beziehungsangebote, die eine positive Bindung zwischen Lehrkraft und Lernenden erschwert oder unmöglich macht.

Die Grenze zwischen Stärken und Schwächen sind jedoch fließend, bisweilen entpuppt sich eine vermeintliche Schwäche im Umgang mit der einen Person oder Gruppe als äußerst hilfreich, während sich eine Stärke als kontraproduktiv erweist.

Übung 7.2:

Hierzu zunächst ein Beispiel: Ein Lehrer hat in der Vergangenheit gute Erfahrung damit gemacht, ein sehr verständnisvolles und freundschaftliches Verhältnis zu seinen Schülerinnen und Schülern aufzubauen. In seiner neuen Klasse befinden sich drei Jungen, die in den vorangegangenen Klassen besonders durch Aggressivität und unsoziales Verhalten aufgefallen sind. Da der Lehrer bisher mit seiner verständnisvollen Strategie sehr erfolgreich war, versucht er auch dieses Mal seine neuen Schüler so für sich zu gewinnen. Alle drei Schüler scheinen auch zunächst darauf anzuspringen. Sie liefern regelmäßig herzzerreißende Begründungen für vergessene Hausaufgaben oder anderes Fehlverhalten mit dem Versprechen, es das nächste Mal sicher besser machen zu wollen. Jedoch häufen sich die Vorfälle schon bald und statt Besserung des Verhaltens tritt eine Verschlimmerung ein. Nun droht bald der Schulverweis und zu allem Überfluss bekommt der Lehrer mit, dass die drei Schüler sich über ihn lustig machen, frei nach dem Motto, den haben wir um den Finger gewickelt.

Aufgabe: Überlegen Sie doch einmal, auf welches Muster der Lehrer in diesem Beispiel zurückgegriffen hat? War er damit erfolgreich? Was ist passiert? Wie hätte man diese Situation erfolgreicher gestalten können?

Sie können also unschwer erkennen, wie schwer eine umfassende Reflektion der eigenen Stärken und Schwächen ist. Der Reflexionsfragebogen kann also nur den Einstieg in die Thematik erleichtern.

Die Auseinandersetzung mit dem eigenen Kommunikationsverhalten ist gerade für Lehrkräfte ein niemals abgeschlossener Prozess. Für Menschen in lehrenden Berufen ist Kommunikation das wichtigste Handwerkszeug. Dementsprechend sollte dieses Werkzeug ständig gepflegt und – soweit möglich – optimiert werden. Ein größtmögliches Maß an Ehrlichkeit sich selbst gegenüber ist dabei eine wichtige Voraussetzung. Darüber hinaus ist es immer wieder hilfreich, sich auch von Menschen Rückmeldung zu holen, die ihre Eindrücke offen und ehrlich aussprechen, auch wenn es manchmal unangenehm ist. Dabei ist es oft zweitrangig, ob diese Person sie relativ kurz oder bereits länger kennt. Beides kann für Sie von Nutzen sein.

Bei einem solchen Feedback geht es weniger darum, ob der Andere Sie besser erkennen kann, als sie sich selbst. Vielmehr geht es um Ihre Wirkung auf andere Menschen. Diese Wirkung kann beim ersten Kennenlernen eine ganz andere sein, als wenn man Sie bereits länger kennt. Außerdem werden Sie Ihre Beziehungen im Privatleben anders gestalten als im Beruf. Ihr Auftreten gegenüber Männern wird ein anderes sein als gegenüber Frauen, und in letzter Instanz ist gemäß der Prinzipien des Konstruktivismus jede Beziehung, die Sie eingehen, eine Neuerfindung, wenn auch mit bekannten Anteilen. Je häufiger Sie von anderen Menschen rückgemeldet bekommen wie Sie wirken, desto leichter wird Ihnen eine umfassende Analyse fallen.

2. Machen Sie das Beste aus Ihren Möglichkeiten!

Wenn Sie Ihr Kommunikationsverhalten gut einschätzen können, folgt der zweite Schritt: Machen Sie das Beste aus Ihrem Repertoire. Nutzen Sie ihre Stärken richtig und finden Sie einen Weg, auch Ihre Schwächen sinnvoll zu nutzen. Leichter gesagt als getan? Das weiß ich. Aber Sie müssen sich auch nicht neu erfinden. Das werden Ihre frühkindlichen Prägungen wahrscheinlich auch zu verhindern wissen. Dennoch können Sie allein mit Hilfe von extraverbalen Aspekten wie Timing und Kontext eine ganze Menge Wirkung erzielen.

> *Übung 8.1:*
> Erstellen Sie bitte eine Liste mit Aspekten Ihres Kommunikationsverhaltens, welche Sie vor dem Hintergrund des bereits Erarbeiteten gerne ändern wollen und machen Sie sich Gedanken darüber, welche Veränderungen leichter und welche schwerer zu erreichen sein werden.

Als Lehrkraft stehen Sie meist einer Gruppe gegenüber. Dementsprechend wird Ihr Auftreten im Unterricht in aller Regel die Beziehungsangebote bestimmen. Sie bestimmen demnach auch die Beziehungsmuster. Dabei gibt es solche, die für den Unterricht hilfreich sind und solche, die eher hinderlich sind.

Die folgende Zusammenstellung soll Ihnen einen kurzen Überblick geben, welche Stile bei der Klassenführung sinnvoll eingesetzt werden können, und welche Sie besser vermeiden sollten:

8.1 Der helfende Kommunikationsstil

Vorkommen: Menschen, die ihren Selbstwert sehr stark über das Helfen definieren, neigen bei der Berufswahl zu sozialen Berufen, zu denen auch der Beruf der Lehrkraft zählt. Dementsprechend ist dieser Kommunikationsstil bei Lehrkräften weit verbreitet.

Nutzbarkeit: Der Schulkontext ist für Lehrkräfte durchaus dafür geeignet, im helfenden Stil zu kommunizieren. Vor allem bei jüngeren Schülerinnen und Schülern, aber auch in Klassen mit viel Potential, aber wenig Selbstvertrauen. Es gibt allerdings auch Risiken, die es zu beachten gilt.

Chancen: Junge Menschen auf den Weg in die Selbständigkeit zu begleiten, ist sicher für helfend orientierte Menschen eine lohnenswerte Aufgabe. Dazu braucht es Geduld, Zuwendung und eine grundsätzlich positive Einstellung gegenüber anderen Menschen. Belastbarkeit, Interesse an dem Wohlergehen anderer Menschen und die Bereitschaft, Verantwortung zu übernehmen, sind bei Menschen mit helfendem Kommunikationsstil weit verbreitet. Deshalb ist dieser Stil auch einer der hilfreichsten im Umgang mit Schülerinnen und Schülern.

Risiken: Allerdings birgt diese Form der Kommunikation auch einige Risiken. Wenn man aus falsch verstandener Hilfsbereitschaft Jugendliche entmündigt oder gar sich selbst vergisst, kann aus dem helfenden Kommunikationsstil schnell ein Bumerang werden.

Viele Lehrkräfte, die ihre Arbeit mit großem Enthusiasmus antreten, brennen nach ein paar Jahren regelrecht aus, weil sie ihren Anspruch, den Kindern zu helfen, so nicht verwirklichen können. Darauf gibt es dann grob zwei Reaktionsmuster. Zum einen können Lehrkräfte ihr Bemühen so lange aufrechterhalten oder gar verstärken, bis sie regelrecht zusammenbrechen und ihren Aufgaben nicht mehr nachkommen können. Zum anderen können sie mit Verbitterung reagieren. Meist werden Schülerinnen und Schüler dann als undankbar und unbelehrbar wahrgenommen, dem Wunsch zu helfen folgt ein Abgrenzungskampf, der ähnlich aufreibend sein kann.

Doch es gibt noch eine weiteres Risiko: Jugendliche sind häufig bereits seit dem Kindergarten mit Menschen dieses Kommunikationsstils konfrontiert und haben gegen Ende ihrer Schullaufbahn oft bereits erfolgversprechende Strategien entwickelt, aus diesem Kommunikationsstil Nutzen zu ziehen. Einige Schülerinnen und Schüler stellen zum Beispiel ihre Lebensumstände schlimmer dar, als sie sind, damit sie einen entsprechenden Mitleidsbonus bekommen. Darüber hinaus kommunizieren sie auch im Unterricht im bedürftig-abhängigen Stil, um die helfende Lehrkraft zur Übernahme der Verantwortung zu bewegen.

Mit so viel manipulativer Macht ausgerüstet verlieren Schüler häufig den Respekt vor den Lehrern und nehmen Anweisungen und Drohungen nicht ernst, frei nach dem Motto: „Das macht die eh nicht!"

Es ist also besonders wichtig, den helfenden Stil mit einer liebevollen Strenge zu koppeln, weil man sonst tatsächlich in seiner Hilfsbereitschaft ausgenutzt werden kann.

8.2 Der bestimmend-kontrollierende Stil

Vorkommen: Unter Lehrkräften ebenfalls weit verbreitet ist der bestimmend-kontrollierende Kommunikationsstil. Der damit einhergehende Wunsch nach Kontrolle und die Orientierung an Regeln und Normen passen gut zu der Rolle einer Lehrkraft.

Nutzbarkeit: Dieser Stil lässt sich besonders in lebhaften und konfliktträchtigen Klassen gut anwenden. Eine klare Linie und die Kontrolle über die Einhaltung der Regeln sind im Schulalltag durchaus nützliche Instrumente. Allerdings muss dies mit Authentizität, Respekt vor den Jugendlichen und vor allem mit der Erziehung zur Eigenverantwortung gepaart sein.

Chancen: Gerade Kinder aus bildungsfernen Familien haben kaum tragfähige Strukturen in ihrem Leben kennengelernt. Klare Regeln, strikte Einhaltung und verlässliche Konsequenzen geben ihnen eine Möglichkeit, sich selbst im Rahmen dieser Grenzen zu erfahren und auszuprobieren. Jugendliche schätzen häufig die Berechenbarkeit von Menschen mit bestimmend-kontrollierendem Kommunikationsstil. Bei diesem Stil sind Eigenschaften wie Verantwortungsbewusstsein, strukturiertes Arbeiten, die Fähigkeit, den Überblick zu behalten, sowie Disziplin von Bedeutung. Diese Eigenschaften helfen auch bei der Gestaltung des Unterrichts.

Risiken: Doch auch hier können Risiken eintreten. Sie liegen vor allem im fehlenden Respekt vor den Kompetenzen der Jugendlichen und eine damit einhergehende Entmündigung. Jugendliche in der Pubertät haben ein feines Gefühl für ihre Autonomie und legen Wert auf ihre Selbstbestimmung. Wenn Lehrkräfte mit bestimmend-kontrollierendem Kommunikationsstil diese Autonomie nicht respektieren, müssen sie häufig damit rechnen, dass die

Schülerinnen und Schüler sich innerlich zurückziehen. Die für das Lernen so wichtige sichere Bindung geht dann verloren.

Zwar kann der Schulalltag so gut aufrechterhalten werden, da die Autorität der bestimmend-kontrollierenden Lehrkraft wahrscheinlich kaum angezweifelt wird. Doch die Lehrerin oder der Lehrer erreicht die Schülerinnen und Schüler nicht mehr und verfehlt so ihre Aufgabe, den Kindern etwas für das Leben mitzugeben.

Die Gefahr besteht, dass man unflexibel wird, nicht mehr auf die individuellen Rahmenbedingungen der Schülerinnen und Schüler achtet und sie entmündigt. Dadurch stört man eine positive Bindung und verhindert die notwendige Entwicklung zu eigenständigen Persönlichkeiten.

Wichtig ist also, dass man bei aller Konsequenz und Disziplin die Jugendlichen auch als solche wahrnimmt, ihnen auf der einen Seite die Freiheiten ermöglicht, die sie in diesem Alter brauchen, auf der anderen Seite aber mit klaren Regeln und vorhersehbaren Konsequenzen Strukturen schafft, in denen sich Heranwachsende sicher fühlen. Das alles sollte mit einer grundsätzlichen Wertschätzung der Schülerinnen und Schüler einhergehen.

8.3 Der mitteilungsfreudig-dramatisierende Stil

Vorkommen: Für das freie Reden vor einer Gruppe ist es hilfreich, wenn man Spaß an dem Sich-zur-Schau-stellen hat, um als Lehrkraft erfolgreich arbeiten zu können. So kommt es, dass einige Lehrkräfte auch diese Form der Kommunikation gerne nutzen.

Nutzbarkeit: Ein bisschen Selbstdarstellung gehört zum Lehrerberuf dazu. Wer dies im richtigen Maß einsetzen kann, kann auch diesen Kommunikationsstil sinnvoll für sich nutzen.

Chancen: Lehrkräfte, die sich vorwiegend in diesem Kommunikationsstil präsentieren, können Schüler häufig mitreißen und für Themen begeistern. Durch einen sehr persönlichen Erzählstil schaffen es diese Menschen häufig,

Barrieren zwischen sich und ihren Zuhörern abzubauen und Wissen sehr unmittelbar zu vermitteln.

Wenn es der Lehrkraft gelingt, das richtige Maß zwischen Begeisterung und Überdreht-sein, zwischen persönlichen Anekdoten zur Illustration und privatem Plaudern aus dem Nähkästchen zu finden, kann sie ihre Schülerinnen und Schüler mitreißen und begeistern, eine wesentliche Eigenschaft für gute Lehrkräfte. Ein gutes Beispiel hierfür ist der Film „Der Club der toten Dichter".

Risiken: Es gibt jedoch auch Risiken. Zwei habe ich bereits im Zusammenhang mit den Chancen angedeutet. Wenn eine Lehrkraft in ihren Ausführungen zu privat wird, dann sind Schülerinnen und Schüler häufig eher peinlich berührt als begeistert. Ein übertriebener Enthusiasmus wirkt überdreht und nicht mehr echt. Dann sind Schülerinnen und Schüler schnell genervt, auch keine gute Voraussetzung für eine erfolgreiche Unterrichtsgestaltung.

Darüber hinaus neigen Menschen mit diesem Kommunikationsstil dazu, sich zu sehr mit sich selbst zu beschäftigen und dabei den Blick für die Menschen um sich herum zu verlieren. Diese Haltung ist für eine Lehrkraft jedoch fatal.

8.4 Der aggressiv-entwertende Stil

Vorkommen: Besonders ursprünglich helfend orientierte Lehrkräfte, die von den Rahmenbedingungen ihrer Arbeit desillusioniert bzw. frustriert sind, neigen als Reaktionsbildung zu einem aggressiv-entwertenden Kommunikationsstil.

Nutzbarkeit: Dieser Stil sorgt zwar unter Schülerinnen und Schülern für Zucht und Ordnung, ist aber für die Gestaltung einer positiven Beziehungsebene, wie sie für das Lernen notwendig ist, äußerst problematisch. Deshalb sollte dieser Kommunikationsstil – wenn möglich – im Unterricht nur sehr sparsam eingesetzt werden.

Chancen: Manchmal sehen sich Lehrkräfte Situationen ausgeliefert, die für sie durchaus bedrohlich werden können. Wenn Schüler Lehrerinnen und Lehrer physisch drohen oder die Kontrolle im Klassenraum übernehmen wollen, ist es manchmal notwendig, deutlicher zu werden. Ein zumindest offensives Auftreten ist deshalb unter Umständen auch für eine Lehrkraft hilfreich, wenn sie deutlich Grenzen setzen muss. Zu vermeiden ist dabei jedoch die Entwertung, weil man sonst möglicherweise Reaktionen provoziert, die man nicht mehr kontrollieren kann.

Risiken: Zum einen kann der aggressiv-entwertende Kommunikationsstil Beziehungen, die wie die Lehrer-Schüler-Beziehung auf Vertrauen beruhen sollten, nachhaltig schaden. Zum anderen kann eine entwertende Kommunikation dazu führen, dass die vermeintlich Schwächeren, die Schülerinnen, zu schwereren Geschützen greifen, um die vermeintliche Erniedrigung zu sühnen. Auch wenn einige Schüler diesen Kommunikationsstil vor allem gegenüber ihren Mitschülern nutzen, sollten sich Lehrkräfte, wenn irgend möglich, dieses Stils nicht bedienen.

8.5 Der sich beweisende Kommunikationsstil

Vorkommen: Dieser Kommunikationsstil ist bei Lehrkräften weniger verbreitet. Ich kenne ihn nur bei Lehrern im Fach Sport, im Umgang mit männlichen Jugendlichen. Sonst ist diese Form der Beziehungsbildung zwischen Schülern und Lehrkräften weniger verbreitet als die vorangegangenen Stile.

Nutzbarkeit: Der sich beweisende Stil kann in der Unterrichtssituation nur sehr begrenzt eingesetzt werden, da die Beziehung zwischen Lehrkräften und ihren Schülern meist komplementär ist. Die Schülerinnen und Schüler sind also weder in der Situation mit den Lehrern zu konkurrieren, noch sie zu beurteilen. Dennoch gibt es Kontexte, in denen zum Beispiel junge männliche Lehrer ihre Schüler zu besonderen Leistungen anstacheln können, indem sie sie herausfordern. In einer solchen Konstellation ist es der Lehrkraft unter Umständen durchaus möglich, den Ehrgeiz bei ihren Schülern oder Schülerinnen zu wecken. Dieser Stil ist also besser zu nutzen, wenn es einem gelingt, ihn bei den Schülern auszulösen, als dass man ihn selbst anwendet.

Besser nutzbar ist dieser Stil dann, wenn Schüler sich auf eine Beziehungskonstellation einlassen, in der die Lehrkraft die Richterrolle übernimmt und die Schülerinnen und Schüler bestrebt sind, der Lehrkraft zu beweisen, zu welcher Leistung sie fähig sind.

Chancen: Vor allem junge Lehrer können diesen Stil nutzen, um in Kontakt mit ihren Schülern zu kommen, sei es im Sport, der Musik oder anderen Jugenddomänen. Um sich den Respekt ihrer Schüler zu verschaffen, kann diese Form der Kommunikation durchaus hilfreich sein. Allerdings ist es wichtig, dass die Lehrkraft dann auch die Kurve bekommt und sich aus der Konkurrenz in die Richterrolle verabschiedet. Dies ist nur dann möglich, wenn der Lehrer den Vergleich deutlich gewinnt. Danach gilt es, den Schüler an seinem Ehrgeiz zu packen und in ihm den sich beweisenden Kommunikationsstil herauszufordern. Dann kann es gelingen, den Schüler dazu anzuspornen, über sich hinauszuwachsen.

Risiken: Größtes Risiko ist bei dieser Form der Beziehungsgestaltung, dass die Jugendlichen den Eindruck gewinnen könnten, sie sind dem Lehrer ebenbürtig. Dann werden die Jugendlichen den oder die Erwachsenen immer wieder zu neuen Wettstreits herausfordern oder sich anmaßen, sich über ihre Lehrkraft stellen zu können. Es sollte aber stets klar bleiben, dass der Lehrer oder die Lehrerin in einem Klassenraum das Sagen hat.

Darüber hinaus ist es für Lehrerinnen in der Regel gefährlich, sich auf diese Beziehungsstruktur einzulassen, da vor allem Jugendliche aus patriarchal strukturierten Familien bzw. Kulturkreisen, eine Frau nie als ihnen ebenbürtig betrachten werden. Es gilt deshalb als besonders wichtig, sich als Lehrerin diesem Beziehungstyp weitestgehend zu entziehen.

8.6 Der sich distanzierende Kommunikationsstil

Vorkommen: Vor allem ältere, männliche Lehrer nutzen bevorzugt diesen Stil. Nach meiner Einschätzung kommt er in den Lehrerkollegien aber immer seltener vor.

Nutzbarkeit: Dieser Stil mag im Gymnasium in dem einen oder anderen Fach sinnvoll sein, ist aber gerade in Haupt- und Realschulen im Umgang mit pubertierenden Teenagern eher hinderlich, da für diese Zielgruppe der emotionale Bezug besonders wichtig ist.

Chancen: Lehrkräfte mit einem solchen Kommunikationsstil sind in der Lage das Fachwissen sehr korrekt und sachlich zu vermitteln. Sie lassen sich nicht von Provokationen mitreißen. Wenn dies mit Souveränität und einer positiven Grundhaltung gegenüber den Schülern verbunden ist, dann kann auch ein sich distanzierender Lehrer positiven Einfluss auf eine Klasse nehmen. Leichter wird dies als Fachlehrer möglich sein. Größere Schwierigkeiten wird dieses Kommunikationsmuster Klassenlehrerinnen und Klassenlehrern bereiten.

Risiken: Viele Jugendliche reagieren auf eine sich distanzierende Haltung mit entsprechenden Provokationen, um den Erwachsenen aus der Reserve zu locken. Nur wer sich diesen Provokationen erwehren kann, kann auch seine Schülerinnen und Schüler überzeugen.

Darüber hinaus geben Sachlichkeit und Distanz zwar wenig Anlass zur Beschwerde, sorgen aber auch nicht dafür, dass sich Schülerinnen und Schüler mit der Person oder gar den vermittelten Inhalten identifizieren. In den meisten Fällen finden die Schüler den Unterricht dann nur langweilig. Die Lehrkraft hat zwar wenig Mühe, den Unterricht zu gestalten, nur bei den Schülern bleibt wenig hängen.

8.7 Der bedürftig-abhängige Kommunikationsstil

Vorkommen: Dieser Kommunikationsstil kommt nur sehr selten im Schulkontext bei Lehrkräften vor.

Nutzbarkeit: Er ist völlig ungeeignet für das Überleben im Raubtierzirkus Klassenzimmer.

Chancen: Im Umgang mit Jugendlichen, die meist ihre Grenzen austesten wollen, ist dieser Schwäche vermittelnde Kommunikationsstil meist ungeeignet, um nachhaltig positiven Einfluss auf die Gruppensituation zu nehmen. Einzig in Einzelgesprächen mit schwierigen Jugendlichen kann es hilfreich sein, dem Schüler oder der Schülerin gegenüber einzugestehen, dass man mit seinem Latein am Ende sei und hoffe, dass dem Jugendlichen etwas einfallen würde, wie es weitergehen kann. Dadurch wird eine Offenheit geschaffen, in der der Jugendliche selbst Verantwortung übernehmen kann.

Risiken: Vor allem Jungen aber auch Mädchen in der Pubertät testen ständig ihre Grenzen. Schwäche wird von ihnen häufig als Aufforderung zur Rebellion verstanden. Nicht umsonst ist eines der heute am häufigsten genutzten Schimpfworte „Du, Opfer!" Lehrkräften kommt in einem Klassenverbund die Aufgabe zu, die Struktur vorzugeben. Sie sollten Autoritäten sein. Sobald sie jedoch den Eindruck von Bedürftigkeit vermitteln, werden sie für die Schülerinnen und Schüler zu willigen Opfern.

8.8 Der selbstlose Kommunikationsstil

Vorkommen: Dies ist ein sehr selten vorkommender Kommunikationsstil bei Lehrkräften.

Nutzbarkeit: Selbstlos zu kommunizieren hat im Schulkontext meist noch fatalere Konsequenzen als im bedürftig-abhängigen Stil eine Beziehung einzugehen.

Chancen: Lehrkräfte, die in diesem Kommunikationsstil unterrichten, wirken zwar für Außenstehende wie aufopfernd arbeitende Idealisten, aber für die Schülerinnen und Schüler sind sie meist nur Opfer, die man mobben kann. Ich kann mir deshalb kaum eine Situation vorstellen, in der es für Lehrkräfte sinnvoll sein kann, in diesem Kommunikationsstil einen Unterricht zu leiten.

Risiken: Für diesen Kommunikationsstil gelten ähnliche Risiken, wie für den bedürftig-abhängigen Stil. Lehrkräfte sollten im Unterrichtskontext gestalten, und dies nicht den Schülern überlassen. Jugendliche bekommen sehr schnell mit, ob sich Lehrkräfte aus dem Konzept bringen lassen, oder ob sie das Heft des Handelns in der Hand behalten. Menschen mit selbstlosem Kommunikationsstil passen sich an, sie gestalten also weniger aktiv Beziehungen. Damit werden die meisten Menschen mit diesem Kommunikationsstil im Unterrichtskontext scheitern.

Egal wie professionell wir arbeiten, unabhängig davon wie kompetent wir sind, gleich wie hart wir an unserer Kommunikation gearbeitet haben, manche Situationen und manche Muster fallen uns leicht und mit anderen tun wir uns schwer. Wir können unsere frühkindliche Prägung nie ganz ungeschehen machen. Aber das ist auch in Ordnung, denn wer keine Schwächen hat, hat auch keine Stärken.

Aber auch vermeintliche Stärken in der Kommunikation können schnell zu Schwächen werden, wenn man diese Eigenart unangemessen einsetzt, Sowie Schwächen in Stärken verwandelt werden können, wenn man die richtige Dosis findet. Eine dominante und vorlaute Schülerin kann zum Beispiel als Klassensprecherin in einer positiven Form für ihre Klassenkameraden einstehen und ihre vermeintliche kommunikative Schwäche so richtig nutzen. Im Umgang mit den eigenen Stärken und Schwächen geht es also mehr darum, angemessene Muster für die entsprechenden Kommunikationssituationen zu finden und dabei auf eine möglichst breite Palette von Beziehungsangeboten zurückgreifen zu können. Deshalb ist es durchaus sinnvoll, sich darüber Gedanken zu machen, welche Kommunikationsstile einem leichter fallen und welche schwerer.

Ein weiterer gängiger Fehler im Umgang mit den eigenen Stärken und Schwächen ist es, sehr viel Zeit und Energie in die Reduzierung der eigenen Schwächen zu investieren. Sicher ist dies ein wichtiger Schritt hin zu einer möglichst facettenreichen Kommunikation.

Doch was können Sie dabei nach großen Anstrengungen erreichen? Wohl allenfalls Mittelmaß. Wenn Sie sich Ihren Stärken widmen kann dabei aber im besten Fall Exzellenz erreicht werden. Womit optimieren Sie also Ihr Kommunikationsverhalten besser? Ich empfehle in meinen Seminaren deshalb ungefähr 70 % der Energie für den Ausbau der Stärken und 30 % in die Abmilderung der eigenen Schwächen zu investieren.

3. Gute Unterrichtsführung ist eine Frage der Einstellung

Nun wissen Sie, wie Sie Ihren Kommunikationsstil sinnvoll einsetzen können. Doch wie setzt man diese Hinweise am besten um? Um uns der Antwort auf diese Frage zu nähern, ist es sinnvoll, sich noch einmal bewusst zu machen, wie komplex und vielschichtig die zwischenmenschliche Kommunikation ist. Viele Signale werden unbewusst übermittelt und aufgenommen. Es ist deshalb sehr schwer bis unmöglich, Kommunikation direkt und voll umfänglich zu steuern.

> *Übung 9.1:*
> Überlegen Sie sich bitte zunächst, was nach Ihrer Einschätzung auf der Basis der genannten Grundlagen als Instrumente geeignet ist, um den Aufbau und die Pflege von Beziehungen erfolgreich zu gestalten.

Mit hoher Wahrscheinlichkeit wird es Ihnen deshalb nicht gelingen, so zu tun als ob. Sich darüber Gedanken zu machen, wann man lächeln sollte, wann ein strenger Blick besser wirkt, in welchem Abstand die Füße stehen oder welche Körperhaltung man einnehmen sollte, ist deshalb im besten Falle vergebene Liebesmühe. Im ungünstigen Fall widersprechen die bewusst gewählten Signale den unbewussten. So entsteht Inkongruenz und man verliert Glaubwürdigkeit. Dies gilt es zu vermeiden.

Um para-, non- und extraverbale Kommunikation erfolgreich im Unterricht einsetzen zu können, sind Ehrlichkeit und Authentizität die wichtigsten Voraussetzungen.

Ehrlichkeit beginnt dabei im Umgang mit sich selbst. So sollten Sie sich eingestehen, wenn Sie einen Schüler oder eine Teilnehmerin nicht besonders sympathisch finden, eine Frage nicht beantworten können oder heute mit dem falschen Bein aufgestanden sind. Wenn Sie sich Ihrer Einstellung, Ihrer inneren Haltung bewusst sind, können Sie darauf reagieren. Wenn nicht, wird sich diese Emotion ziemlich sicher ihren Weg bahnen und sich in Ihrer Körpersprache widerspiegeln. Vielleicht bekommen Sie es nicht mit, aber Ihr Gegenüber wird mit hoher Wahrscheinlichkeit zumindest unbewusst etwas von Ihrem inneren Zustand mitbekommen. Wenn diese Signale nun dem Rest Ihrer Botschaft widersprechen, dann haben Sie ein Glaubwürdigkeitsproblem, auch wenn Sie selbst noch gar nichts von Ihren widersprüchlichen Signalen mitbekommen haben. Typische Emotionen, die im Unterrichtskontext gerne verdrängt werden, sind:

- Unsicherheit,
- schlechte Laune, zum Beispiel wegen privater Probleme,
- und Antipathie.

Besonders bei thematischer Unsicherheit neigen Lehrkräfte dazu, die vermeintliche Schwäche zu verheimlichen. Häufig reagieren sie mit Aggression auf schwierige Fragen oder Kritik der Schülerinnen oder Teilnehmer. Meine Erfahrung ist, dass ich sogar an Glaubwürdigkeit und Souveränität gewinne, wenn ich eine Wissenslücke offen eingestehen kann, jedoch verspreche die Information nachzuliefern. Das Eingeständnis, nicht alles zu wissen, ist mir bisher nie übel genommen, sondern vielmehr als Souveränität und Ehrlichkeit positiv angerechnet worden.

(Beziehungs-)Bildung – ein Kommunikationstraining nicht nur für Lehrkräfte

Darüber hinaus gibt es Tage, an denen wir nur schwer die richtige Einstellung zur Arbeit finden. Private Probleme, Überarbeitung, schlechter Schlaf oder andere Projekte kosten uns Energie und hindern uns daran, die richtige Einstellung zu finden. Auch damit gehe ich inzwischen offen um. Wenn ich merke, dass ich einen Fehler gemacht habe oder die Aufmerksamkeit der Gruppe zu verlieren drohe, räume ich ein, dass ich heute nicht in Bestform bin und bitte dies zu entschuldigen. Meistens nimmt die Gruppe dies sehr positiv auf und versucht mich von dort an bei meiner Arbeit stärker zu unterstützen. Dies funktioniert dann, wenn die Gruppe mich schon in Bestform erlebt hat.

Antipathie ist ein weit heikleres Thema. Hier ist ein offenes Eingeständnis gegenüber der Person, zumal ohne Aufforderung, nicht ratsam. Vielmehr gilt es, sich Gedanken darüber zu machen, was die Antipathie auslöst. Häufig ärgern wir uns besonders über die Charakterzüge, die wir uns bei uns selbst nur ungern eingestehen. Aber auch sachlich begründete Antipathie entzieht Ihrer Arbeit als Lehrkraft jede Grundlage. Deshalb ist es in diesen Fällen hilfreich, sich seinem Gegenüber aus einer anderen Perspektive zu nähern. Machen Sie sich die Stärken, die positiven Seiten dieser Person bewusst. Auch kann eine Umdeutung der vermeintlichen Schwäche Ihnen möglicherweise einen neuen Eindruck verschaffen.

Übung 9.2:

Hier ein Beispiel: Stellen Sie sich vor, sie haben in Ihrem Unterricht eine Person, die Sie ständig kritisch hinterfragt, polemisiert und Konflikte sucht. Wahrscheinlich werden Sie diesen Teilnehmer oder diese Schülerin zunächst als störend wahrnehmen. Wenn Sie jetzt eine abwehrende Haltung einnehmen und die Person ausgrenzen, verlieren Sie nicht nur einen Schüler oder eine Teilnehmerin, sondern ziemlich sicher noch ein paar weitere, die sich mit dieser Person solidarisieren. Die Wissensvermittlung wird schwierig.

Wenn Sie jedoch das Verhalten Ihres Gegenübers umdeuten, wird es Ihnen wahrscheinlich einfacher fallen, mit der Situation umzugehen. Möglicherweise

> ist dieser Schüler als Einziger in der Lage oder hat den Mut, Bedenken auszusprechen, die in der Gruppe unterschwellig vorhanden sind und ermöglicht Ihnen so ein wichtiges Feedback. Offenbar besitzt er außerdem die Bereitschaft und die geistige Fähigkeit, sich mit dem Unterrichtsstoff auseinanderzusetzen und ihn zudem kritisch zu hinterfragen. Viel schwieriger sind Teilnehmer, die sich völlig zurückziehen und Sie als Dozent oder Lehrerin „am ausgestreckten Arm verhungern" lassen. Nicht zuletzt ermöglicht die Person Ihnen eine ehrliche Auseinandersetzung mit Ihren eigenen Unterrichtsinhalten und unterstützt Sie bei deren Optimierung.
>
> *Aufgabe:* Überlegen Sie doch einmal, auf welches Muster der Schüler in diesem Fall zurückgreift? Was verändert sich, wenn Sie die Situation aus der beschriebenen neuen Perspektive betrachten?

Doch Ehrlichkeit ist nicht der einzige Aspekt einer inneren Einstellung, der für die Arbeit mit Menschen sinnvoll ist.

Ein weiterer wichtiger Aspekt ist das Interesse, das ich meinem Gegenüber entgegenbringe. Im Sinne der Wechselseitigkeit von Beziehungen ist es wichtig, dass ich mich für meine Schülerinnen und Schüler interessiere, damit diese sich auch für meine Inhalte begeistern können.

Vor allem Kinder und Jugendliche haben ein feines Gespür dafür, ob man nur Dienst nach Vorschrift macht oder sich wirklich für die Menschen interessiert, mit denen man arbeitet. Dabei ist es wichtig, dass man nicht nur Interesse zeigt, sondern auch wirklich Interesse hat. Dies bedeutet, dass man sich für deren Geschichten interessiert, sich mit den Fragen und mit der Kritik auseinandersetzt und sich auf Beziehungsangebote einlässt. Echtes Interesse kann man nicht vortäuschen, es muss mit Überzeugung von innen kommen. Nur so entwickeln Ihre Zuhörer auch Interesse an dem, was Sie zu bieten haben.

Darüber hinaus gibt es noch eine Vielzahl weiterer Aspekte. Hier seien nur noch ein paar weitere genannt, ohne Anspruch auf Vollständigkeit:

- **Respekt für den Gegenüber:** Grundlage jeder guten Beziehung ist gegenseitiger Respekt. Dies gilt auch für den Unterrichtskontext. Nur wer seinem Gegenüber grundsätzlich Respekt entgegenbringt, hat einem Chance, ihm auch etwas erklären zu können. Respekt bedeutet, dass Sie Ihrem Gegenüber auf der zwischenmenschlichen Ebene auf Augenhöhe begegnen, auch wenn Sie ihm auf der funktionalen Ebene als Lehrkraft übergeordnet sind.

  Und auch wenn es manchmal schwer zu glauben ist: Jeder Mensch hat Respekt verdient. In der Regel sind sein Auftreten und sein Verhalten Ergebnis einer Überlebensstrategie. Je schwerer es Ihnen fällt, einem Menschen Respekt entgegenzubringen, desto genauer sollten Sie hinschauen. Welche Lebensumstände haben dazu geführt, dass ein Mensch eine solche Überlebensstrategie entwickeln musste?

- **Einfühlungsvermögen in die Position des Anderen:** Dabei hilft ein weiterer wichtiger Aspekt der richtigen inneren Haltung: Einfühlungsvermögen. Wer sich intellektuell, emotional und sozial in die Situation seines Gegenübers versetzen kann, kann ihn dort abholen, wo er steht. Die Technik des Pacings und Leadings aus dem NLP, die wir im nächsten Kapitel behandeln werden, bietet dafür eine gute Grundlage.

Übung 9.3:

Hier eine Herausforderung: Vergegenwärtigen Sie sich bitte einen Ihrer schwierigsten Schüler, aktuell oder in der Vergangenheit. Nun versuchen Sie sich an einem Perspektivwechsel. Dabei stellen Sie sich folgende drei Fragen:

1. Welchen Anteil habe ich mit meinem Verhalten bzw. meinem Kommunikationsmuster am Entstehen dieser konfliktreichen Beziehung?
2. Wenn ich mich in die Situation des Schülers oder der Schülerin versetze, was verändert sich? Wie verändert sich meine Sichtweise auf die Gesamtsituation?

> 3. Was würde sich verändern, wenn ich dieser Person mit mehr Respekt und emotional auf Augenhöhe begegne?

Wenn die innere Haltung eine so herausragende Bedeutung für die Beziehungsgestaltung im Unterricht hat, stellt sich natürlich die Frage, wie man an seiner Einstellung arbeiten kann. Hierfür ist es wichtig zu erfahren, wie unsere Einstellung entsteht. Im Zusammenhang mit den Kommunikationsmustern haben wir bereits erarbeitet, wie stark unsere Erfahrungen sich auf unser Denken und Handeln auswirken. Unsere Einstellung ist also das Ergebnis unserer Erfahrungen. Um dieses Ergebnis zu beeinflussen haben wir grundsätzlich drei Möglichkeiten:

1. Wir können neue Erfahrungen machen, die unsere alten Positionen hinterfragen oder ergänzen. Dazu müssen wir Dinge bewusst anders angehen, um Dinge neu zu erleben. Es bedarf dafür der Bereitschaft, sich von Gewohnheiten zu lösen und Situationen auch gegen den ersten Impuls gezielt anders anzugehen.

2. Wir können vergangene und gegenwärtige Erfahrungen reflektieren und neu interpretieren. Bisweilen ist es sinnvoll alte Erklärungsmuster und Erfahrungen aus einer neuen Perspektive zu betrachten. Dazu kann zum Beispiel das nun erworbene Wissen um die eigenen Kommunikationsmuster beitragen. Wenn es Ihnen gelingt, den eigenen Beitrag an bekannten Beziehungsstrukturen innerhalb der Unterrichtsgestaltung klarer zu erkennen, können Sie gemachte Erfahrungen möglicherweise besser verstehen und so neu interpretieren. Dieser Perspektivenwechsel ermöglicht Ihnen eine neue Sichtweise und somit eine veränderte Einstellung.

3. Darüber hinaus sind wir in der Lage unsere innere Haltung entsprechend eigener Zielsetzung zu variieren. Wir können entscheiden, ob wir einem Menschen gegenüber eher kritisch oder wohlwollend entgegentreten und wir können eine Situation eher pessimistisch oder eher optimistisch

betrachten. Die eigene Einstellung ist somit auch bewusst und gezielt beeinflussbar.

4. Instrumente erfolgreicher Beziehungsgestaltung

Inzwischen sollte klar geworden sein, dass aus meiner Sicht das wichtigste Instrument zur erfolgreichen Gestaltung von Kommunikation im Unterrichtskontext der Aufbau und die Pflege von tragfähigen Beziehungen ist. Dabei spielt die bereits beschriebene Synchronisation eine entscheidende Rolle. Die erfolgreiche Synchronisation ist die beste Voraussetzung zum Führen durch Kommunikation.

Die Technik der bewussten Synchronisation stammt aus einer amerikanischen Methodensammlung erfolgreicher Kommunikationsinstrumente, dem so genannten Neuro-lingustischen Programmieren (NLP). Der Zustand erfolgreicher Synchronisation, den es anzustreben gilt, wird hier Rapport genannt. Die Technik, um Rapport herzustellen, nennt das NLP Pacing oder im Deutschen Spiegeln[10].

Diese Technik strebt nicht das pure Nachahmen der Signale des Gegenübers an, wie der deutsche Begriff Spiegeln möglicherweise nahe legt. Vielmehr geht es darum, die Gangart des Kommunikationspartner – auf Englisch pace – anzunehmen. Durch Pacing sollen folgende Ziele erreicht werden:

- Ein tiefer gehendes Verständnis für den Kommunikationspartner
- Eine gemeinsame Ausgangsbasis finden
- Eine positive Beziehungsebene

Durch das Pacing erhält der Dialogpartner das berechtigte Gefühl, dass man auf einer Wellenlänge kommuniziert. In diesem Zustand des Rapports ist man sich gegenseitig sympathisch und aufgeschlossen, nur so können Sie Ihren

---

[10] Vgl. Richard Bandler und John Grinder: Neue Wege der Kurzzeit-Therapie – Neurolinguistische Programme. Junfermann. Paderborn, 1985.

Gesprächspartner wirklich erreichen. Diese gemeinsame Basis ist notwendig, nicht nur damit sich Ihr Gegenüber wohl fühlt, sondern, so hat es das NLP ebenfalls herausgearbeitet, um Einfluss auf Ihren Gesprächspartner zu nehmen. Sie können Ihre Schülerinnen oder andere Teilnehmer Ihres Unterrichts nur dann von den zu vermittelnden Inhalten überzeugen, Ihren Chef oder Kunden nur dazu bewegen, Ihre Vorschläge ernst zu nehmen oder Ihre Ideen im Team durchsetzen, wenn man Ihnen vertraut. Im NLP heißt deshalb das erste Prinzip der Verhaltensbeeinflussung: Menschen mögen Andere, die so sind wie sie.

Das zweite Prinzip der Verhaltensbeeinflussung lautet: Wenn Sie mit einer anderen Person auf der gleichen Stufe stehen, wird diese, wenn Sie die nächste Stufe nehmen, hohe Bereitschaft zeigen Ihnen zu folgen! Deshalb folgt im Konzept des NLPs nach dem erfolgreichen Rapport das Leading.

Als Lehrkraft muss es eines ihrer wichtigsten Ziele sein, die Inhalte Ihres Unterrichts nachhaltig zu vermitteln. Dabei manipulieren Sie, ob Sie das wollen oder nicht, ihre Zuhörer und beeinflussen sie. Wenn dies im Interesse beider geschieht, also eine Win-Win-Situation entsteht, ist dies für die Gruppe kein Problem.

Der Unterrichtskontext lebt davon, dass die Lehrkraft ihre Zuhörerinnen und Zuhörer dort abholt, wo sie stehen, und zu einem erweiterten Wissensstand führt. Dieses Führen – englisch Leading – ist die zweite Technik des NLP. Nachdem Sie mit Ihren Schülerinnen und Schülern eine gemeinsame Wellenlänge gefunden haben, gilt es durch eine gezielte Veränderung in der Körpersprache, der Sprachgeschwindigkeit oder der Wortwahl die Führung im Gespräch zu übernehmen. Auch hier ist eine zu bewusste oder absichtsvolle Reaktion kontraproduktiv. Wenn Sie sich selbst gegenüber aufmerksam sind, werden Sie irgendwann von selbst den Impuls verspüren, lauter zu sprechen, das Tempo anzuziehen oder auf in einer anderen Weise Einfluss auf die Dynamik zu nehmen. Folgen Sie diesem Impuls. So erreichen Sie mit der größten Wahrscheinlichkeit eine nachhaltige Veränderung.

Gelingt die Übernahme der Führung nicht, dann ist es nicht sinnvoll, dasselbe Ziel nur mit größerem Druck zu verfolgen, vielmehr ist es dann empfehlenswert, den Widerstand des Gegenübers zu respektieren und einen anderen Weg zu suchen. Zusammenfassend lässt sich der Prozess des Pacings, des Rapports und des Leadings wie folgt grafisch darstellen:

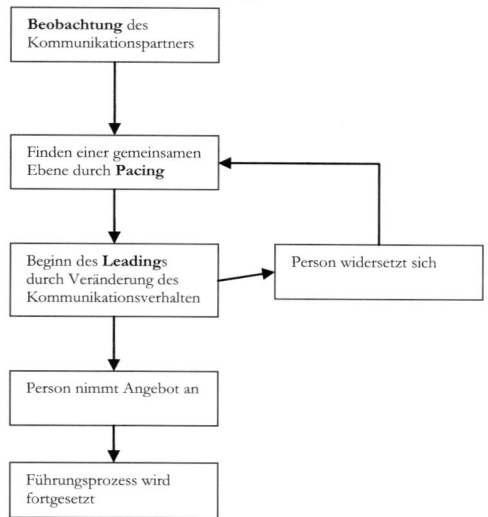

Neben dem Aufbau von vertrauensvollen Beziehungen durch Pacing ist auch dessen Unterbrechung bisweilen ein sinnvolles Steuerungselement. Eine solche Situation stellt sich immer dann ein, wenn ein Gespräch oder ein Beitrag eines Schülers oder einer Teilnehmerin zu lange dauert. Eine elegante Unterbrechung des Rapports besteht in einer Zusammenfassung des bis dahin erreichten Ergebnisses und der bewussten Veränderung der Körperhaltung, des Atemrhythmus oder der Distanz zum Gesprächspartner. Diese Form der Rapportunterbrechung wird weniger abweisend oder entwertend wahrgenommen, führt in der Regel aber zur Beendigung des Gesprächs.

Um das Pacing und Leading erfolgreich zu gestalten, gibt es einige Aspekte auf, auf die man achten kann:

- **Bewusstes Wahrnehmen der Körpersprache des Gegenübers:** Grundlage für alles bewusste Steuern von Beziehungsbildung ist die Wahrnehmung der verschiedenen Beziehungsangebote des Gesprächspartners. Dazu gehören Sitz- bzw. Körperhaltung, Mimik, Gestik, Verhältnis von Distanz und Nähe, Tonfall, Sprechrhythmus, Lautstärke, emotionale Färbung und Wortwahl. Versuchen Sie vor allem in Situationen, in denen Sie das Gefühl haben, Ihr Unterricht wird von der Gruppe nicht so angenommen, wie Sie es sich vorgestellt haben, zu reflektieren, was ihre Zuhörer Ihnen para- und nonverbal zu verstehen geben.

- **Interpretation des Kommunikationsverhaltens:** Gelingt es Ihnen, die angebotenen Signalen zu erkennen und richtig zu deuten, können Sie entsprechend reagieren. Hierbei spielen auch die bereits besprochenen Kommunikationsstile eine wichtige Rolle. Bei Ihrer Reaktion sollten Sie zunächst versuchen, diesen Signalen auf derselben Ebene zu begegnen. Bei Differenzen auf der nonverbalen Ebene reagieren Sie nonverbal, auf paraverbale Signale dementsprechend paraverbal. Erst wenn hier die Mittel erschöpft sind, können Sie die wahr genommenen Signale verbalisieren und somit einen neuen Zugang zu ihren Schülerinnen und Schülern schaffen.

Übung 10.1:

Familie Kruse-Gomez plant den nächsten Sommerurlaub. Die Familienmitglieder haben folgende Wünsche:

Mathilde (Tochter) will in ein Hotel mit Animationsprogramm und Strand, wo sie spielen und baden kann. Max (Sohn) will nach Kuba und mit den Delfinen schwimmen. Maria (Mutter) will wie jedes Jahr zu ihren Eltern nach Alicante. Matthias (Vater) will nicht zu viel Geld ausgeben und nicht wieder zu den Schwiegereltern. Einen kleinen Ferienclub auf den Kanaren fände er schön.

Das untenstehende Bild ist eine Momentaufnahme am Ende der Verhandlungen. Raten Sie doch mal: Wohin geht's und wie gehen die Familienmitglieder damit um? Wie sind die Rollenverteilungen in der Familie?

- **Variationsvielfalt in den Kommunikationsmuster:** Je mehr Verhaltens- und Kommunikationsmuster Ihnen zur Verfügung stehen, umso wahrscheinlicher ist es, dass es Ihnen gelingt, sich auf Ihren Gesprächspartner einzustellen. Eine der Schlüsselkompetenzen für erfolgreich Kommunizierende ist die Fähigkeit, sich auf das jeweilige Gegenüber optimal einzustellen, ohne die eigene Identität zu verleugnen. Dies kann nur dann gelingen, wenn man sich eine vielseitige Persönlichkeit zugesteht und somit auf eine Vielzahl von Kommunikationsmustern zurückgreifen kann. Außerdem sollte man die Flexibilität mitbringen, sich der aktuellen Situation anzupassen. Dazu gehört es, seine „Lieblingsmuster" im Zweifelsfall auch hinten anstellen zu können.

- **Nicht zu schnell glauben, verstanden zu haben:** Besonders wichtig ist es, dass man der Gefahr widersteht, das kommunikative Verhalten des Interaktionspartners zu schnell zu verstehen. Dabei kann es nämlich vorkommen, dass man dem Gegenüber eigene, dominante Muster aufdrängt, weil man glaubt, in dem Verhalten des Anderen entsprechende Angebote erkannt zu haben. Denken Sie dabei an das Axiom über die

Interpunktion der Beziehungen vom Paul Watzlawick. Halten Sie sich also besser mit vorschnellen Urteilen zurück und bedenken Sie immer auch Ihren eigenen Anteil an der entstandenen Beziehung.

> *Übung 10.2:*
> Welche Kommunikationsmuster stehen Ihnen für den Unterricht zur Verfügung? Welche können Sie leicht einsetzen? Beobachten Sie sich in der nächsten Zeit einmal bei Ihrer Arbeit und reflektieren Sie ihr eigenes Kommunikationsverhalten.

5. *Gruppendynamik, Rollen und andere Fallstricke im System Unterricht*

Bisher haben wir uns hauptsächlich mit der Kommunikation zwischen zwei Personen auseinandergesetzt. Dabei haben wir das eigene Kommunikationsverhalten analysiert und die möglichen Reaktionen eines Gegenübers reflektiert. Der Unterrichtskontext bringt darüber hinaus jedoch eine weitere Herausforderung mit sich.

Als Dozent oder Lehrerin arbeiten Sie in der Regel mit einer Gruppe von Menschen. Gruppen entwickeln meist innerhalb von kurzer Zeit eine Eigendynamik, die über Kommunikationsmuster der einzelnen Mitglieder hinaus gehen. Wir wollen uns deshalb zum Abschluss intensiver mit dem System Unterricht auseinandersetzen und werden dies mit Hilfe des systemischen Ansatzes tun.

11.1 Die systemische Perspektive

Bei der Systemtheorie handelt es sich um ein interdisziplinäres Erkenntnismodell, in dem Systeme zur Beschreibung und Erklärung unterschiedlich komplexer Phänomene herangezogen werden. Die Analyse von Strukturen und Funktionen soll Vorhersagen über das Systemverhalten erlauben. Die Funktionsweise der Systeme wird dabei durch Regelkreisschemata beschrieben. Die Systemtheorie will physikalische, biologische, psychische und soziale Phänomene erklären, ist aber keine eigene Disziplin, sondern ein weit verzweigter Rahmen für einen interdisziplinären Diskurs, der den Begriff System als Grundbegriff führt. Es gibt folglich auch nicht eine Systemtheorie, sondern eher eine Vielzahl unterschiedlicher, zum Teil konkurrierender Systemdefinitionen und -begriffe.

Dieser Ansatz fand auch Eingang in die Kommunikationswissenschaften. Durch einen Perspektivenwechsel, weg vom Individuum hin zur Betrachtung von Kommunikation als System, konnten nun auch die sozialen Komponenten von Kommunikation dargestellt werden. Kommunikation ist, so wird durch die neue Sichtweise klar, nicht nur ein Austausch von Information, sondern auch Grundlage jeder zwischenmenschlichen Beziehung. Dieser Aspekt trat in den Vordergrund.

Besondere Bedeutung für die Kommunikationswissenschaften hatte der Autor Paul Watzlawick, dessen fünf Kommunikationsaxiome wir ja bereits besprochen haben. Er gilt als Vorreiter des systemischen Ansatzes.

Diese systemische Perspektive will ich nun als Grundlage für unsere Betrachtung des Unterrichtskontexts zur Hilfe nehmen.

11.2 Das System Unterricht

Wie bereits weiter oben angerissen, ist die wichtigste Besonderheit an dem Unterrichtskontext die Tatsache, dass eine einzelne Person einer Gruppe von Menschen gegenübersteht. Innerhalb dieser Konstellation kommt der Lehrkraft eine Rolle zu, die in gewisser Weise vergleichbar ist mit der eines Alpha-Tieres innerhalb eines Rudels, oder der eines Vorgesetzten im Arbeitsleben. Zwar ist man Teil der Gruppe, dennoch hat man als Dozentin oder Lehrer eine herausragende Position. Der Lehrkraft kommen gleich mehrere Aufgaben zu:

- Sie ist für das **Erreichen der Lernziele** genauso verantwortlich,
- wie für den **Erhalt des sozialen Friedens** innerhalb der Gruppe,
- für die **Verhängung von Sanktionen** oder **Verteilung von Belohnung**,
- und bis zu einem gewissen Grad auch für die **Kommunikation nach außen**.

Nicht immer lassen sich diese vier Aufgaben leicht unter einen Hut bringen. Vor allem im Berufsleben, aber auch in der Tierwelt wird häufig mit den Instrumenten Druck und Angst dafür gesorgt, dass die Ziele erreicht werden und der soziale Frieden gewahrt bleibt. Dafür gibt es in Firmen ausgeklügelte Sanktions- und Belohnungssysteme. Eine Lehrkraft kann vor dem Hintergrund des bisher Erarbeiteten jedoch nur begrenzt auf solche Systeme zurückgreifen, ohne die wichtige Bindung zwischen Schülerinnen und Lehrkraft zu gefährden. Aus meiner Sicht ist dies die wohl schwierigste Gratwanderung, die eine Lehrerin oder ein Dozent zu absolvieren hat: Die Gratwanderung zwischen den formalen Anforderungen eines Unterrichtsleiters und der Entwicklung tragfähiger Beziehungen, die auf gegenseitigem Vertrauen und Respekt beruhen. Ich habe die Erfahrung gemacht, dass es im Zweifelsfall hilfreich sein kann, die formalen Anforderungen explizit zu machen, zu erklären, warum man Sanktionen verhängen muss, welche Aufgaben man zu erfüllen hat oder warum man eine Entscheidung getroffen hat. Dies gilt für alle Maßnahmen zum Erhalt des sozialen Friedens, für die Verhängung von Sanktionen und für etwaige Berichte nach außen. Wenn es mir gelingt, die entsprechenden Entscheidungen bestimmt und im Zweifelsfall mit Nachdruck zu vermitteln, ohne persönliche Betroffenheit zu signalisieren, habe ich eine Chance, diese Aufgaben ohne direkte Konsequenzen für die Bindung zu den Schülerinnen und Schülern zu erfüllen. Wichtig bleibt es auch hier, die Authentizität zu wahren.

11.3 Beziehung zur Gruppe entwickeln

Abhängig von der Gruppendynamik, der Zusammensetzung der Gruppe, dem Gesamtkontext und dem Auftreten der Lehrkraft, lassen sich grundsätzlich drei verschiedenen Gruppentypen voneinander unterscheiden:

1. Kooperative Gruppen
2. Konfrontative Gruppen
3. Desinteressierte Gruppen

Übung 11.1:

Überlegen Sie, bevor Sie weiterlesen, doch einmal, welche Gruppentypen Ihnen bisher begegnet sind und wie Sie auf diese reagiert haben. Welche Konstellationen vielen Ihnen leicht und welche eher schwer? Versuchen Sie diese Erfahrung einmal in den Zusammenhang mit den von Ihnen favorisierten Kommunikationsstilen zu setzen.

Gelingt es der Lehrkraft, bereits zu Beginn der gemeinsamen Arbeit, die Gruppe für sich zu gewinnen und die Gruppendynamik entwickelt sich entsprechend positiv, dann entsteht eine kooperative Arbeitsatmosphäre, eine optimale Voraussetzung für das Erreichen der Lernziele mit Freude und Nachhaltigkeit. Eine solche Konstellation bedeutet für jede Lehrkraft ideale Arbeitsbedingungen.

Der helfende und der mitteilungsfreudig-dramatisierende Kommunikationsstil sind in solchen Situationen oft die sinnvollsten Beziehungsangebote.

Die Gefahr einer solchen Konstellation besteht darin, dass Unklarheiten oder kritische Nachfragen wegen der guten Atmosphäre nicht thematisiert werden und sich so zwar jeder an einen angenehmen Tag und eine gute Arbeitsatmosphäre erinnert, aber die Lehrinhalte nicht nachhaltig genug vermittelt werden. Reibung kann für den Seminarerfolg nämlich durchaus hilfreich sein.

Bisweilen entsteht aufgrund des Gesamtkontextes, des Auftretens der Lehrkraft oder der Gruppendynamik innerhalb der Klasse, eine Arbeitsatmosphäre, in der die Lehrkraft die Inhalte verteidigen muss, sich selbst in Frage gestellt sieht oder aus anderen Gründen in Rechtfertigungsdruck gerät. Häufig testen solche Gruppen die didaktischen und thematischen Kompetenzen des Dozenten oder der Lehrerin. Das Beziehungsangebot läuft auf den sich beweisenden Kommunikationsstil hinaus.

Diese Konstellation ist zwar anstrengender als die Arbeit mit kooperativen Gruppen. Wenn es jedoch gelingt, die Teilnehmerinnen und Teilnehmer von den Inhalten und der eigenen Kompetenz zu überzeugen, ist der Lehrerfolg häufig nachhaltiger als in kooperativen Klassen, weil die Inhalte geprüft und für gut befunden wurden.

Die aus meiner Sicht schwierigste Konstellation für den Unterrichtskontext ergibt sich, wenn eine Lehrkraft einer Gruppe gegenübersteht, die keinerlei Interesse für die Lerninhalte zeigt, im Auftreten aber auch keinen Anlass zu Auseinandersetzung bietet. Eine solche Gruppe ist im wahrsten Sinne des Wortes passiv. Für mich als Dozent ist dies immer die schwierigste Herausforderung. Eine solche Gruppe arbeitet nicht mit, bietet aber auch keine Angriffsfläche, um sie herauszufordern. Sie sitzt ihre Zeit einfach ab. Die Teilnehmer handeln nach dem Motto: „Lass ihn mal machen, wir müssen hier nur unsere Zeit absitzen."

Die einzige Methode, mit der es mir bisher gelungen ist, solche Gruppen zu aktivieren, ist die Konfrontation. In diesen Arbeitskontexten thematisiere ich in der Regel meinen Eindruck von der passiven Haltung der Gruppe und frage nach, ob dieser Eindruck stimmt. Wird mir dies bestätigt, fordere ich die Teilnehmerinnen und Teilnehmer dazu auf, Vorschläge zu machen, was ich ändern kann, damit sie bereit sind, sich am Unterricht stärker zu beteiligen. Bisweilen habe ich es auch für sinnvoll erachtet, die Schüler zu provozieren, sie bei ihrer Ehre zu packen, damit sie mir beweisen, dass doch mehr in ihnen steckt, als sie bisher gezeigt haben. Meistens bekam ich so die Gruppe zumindest soweit aktiviert, dass sich eine einigermaßen konstruktive Arbeitsatmosphäre entwickeln konnte. In wenigen Fällen habe ich es aber auch erlebt, dass die Teilnehmerinnen und Teilnehmer ganz offen gesagt haben, dass sie generell kein Interesse an dem Unterrichtsstoff haben und nur ihre Zeit absitzen. Dann hilft nur eins: Augen zu und durch.

11.4 Gruppendynamik

Eine weitere Herausforderung, die sich aus dem System Unterrichtskontext ergibt, ist die Gruppendynamik innerhalb einer zu unterrichtenden Gemeinschaft. Vor allem bei Gruppen, wie Schulklassen, die lange zusammenbleiben, entstehen Gruppendynamiken, die auch für den Unterricht von Bedeutung sind. Innerhalb einer Gruppe bilden sich Subgruppen und Hierarchien, die auch Einfluss auf die Arbeit der Lehrkraft hat.

In der Analyse von Gruppendynamiken unterscheidet man zwischen Funktionen, Positionen und Rollen in einem Team:

- **Funktion**: Als Funktion beschreibt man vereinbarte oder verliehene Positionen innerhalb einer Gruppe. In einer Klasse sind dies zum Beispiel die Funktionen des Klassensprechers, des Klassenbuchführers oder des Tafeldienstes. Für die Arbeit mit einer Gruppe kann es sinnvoll sein, bestimmten Charakteren klar zugeordnete Funktionen zuzuweisen, um Postionen innerhalb der Gruppe konstruktiv zu nutzen.
- **Positionen**: Nach Raoul Schindler gibt es in einer Gruppe immer fünf Positionen, die auf unterschiedliche Weise von bisweilen wechselnden Personen besetzt werden. Diese Positionen sind so wichtig für die Arbeit mit Gruppen, dass wir ihnen in der Folge einen eigenen Abschnitt widmen wollen. (siehe Positionen im Klassenverbund
- **Rollen**: Je nach Charakter und Kommunikationsmuster können die einzelnen Positionen unterschiedlich ausgefüllt werden. Diese Ausprägungen werden dann meist Rollen genannt.

Wenn es gelingt, die verschiedenen Positionen klar zu bestimmen und entsprechend auf diese zu reagieren, kann die Lehrkraft diese konstruktiv für den Unterricht nutzen und so die Gesamtdynamik in einer Gruppe beeinflussen.

11.4.1 Positionen im Klassenverbund

Raoul Schindler[11] hat in gruppendynamischen Prozessen fünf Positionen bestimmt, die regelmäßig besetzt werden:

1. **Die Alpha-Position**: In jeder Gruppe kristallisiert sich nach einer Findungsphase ein Anführer, eine Führungspersönlichkeit heraus. Diese Führungspersönlichkeit bestimmt das Auftreten der Gruppe gegenüber Außenstehenden, in unserem Kontext also vor allem gegenüber der Lehrkraft. Gelingt es, diese Führungspersönlichkeit für ein konstruktives Miteinander zu gewinnen, kann man in der Regel mit einer konstruktiven Gruppe arbeiten. Bringt man diese Schülerin oder diesen Teilnehmer gegen sich auf, so entsteht meist ein gespanntes Verhältnis zur Gruppe. Im Ergebnis bekommt man es dann meist mit einer konfrontativen oder gar desinteressierten Gruppe zu tun. Häufig wird die Alpha-Position von Menschen mit aggressiv-entwertendem, helfendem oder mitteilungsfreudig-dramatisierendem Kommunikationsstil besetzt.

   Bei Jugendlichen zeigt sich der aggressiv-entwertende Kommunikationsstil meist durch provozierendes oder besonders cooles Auftreten im Unterrichtskontext. Im Ergebnis führt dies häufig zu konfrontativen Gruppen. Wird die Alpha-Position von einem Teilnehmer mit helfendem Kommunikationsstil besetzt, kommt es oft zu Allianzen zwischen der Lehrkraft und der Alpha-Position. Diese Allianzen sind zwar am besten geeignet, um eine konstruktive Arbeitsatmosphäre zu erzeugen, gefährden aber bisweilen auch den Stand desjenigen in der

---

[11] Vgl. Raoul Schindler in Maria Majce-Egger (Hg.): Gruppentherapie und Gruppendynamik – Dynamische Gruppenpsychotherapie. Theoretische Grundlagen, Entwicklungen und Methoden. Facultas-Universitäts-Verlag. Wien, 1999.

Gruppe, der die Alpha-Position besetzt. Lehrkräfte sollten sich also darum bemühen, das Bündnis nicht zu stark für die eigenen Zwecke zu nutzen. Dadurch kann die im helfenden Kommunikationsstil agierende Person ihre Autonomie und somit den Einfluss auf die Gruppe erhalten.

Eine weitere Ausprägung der Alpha-Position ist die Rolle des Klassenclowns, also ein mitteilungsfreudig-dramatisierender Kommunikationsstil. Diese Konstellation ist für die Unterrichtsgestaltung eher kontraproduktiv.

2. **Die G-Position:** Diese Position repräsentiert das Gegenüber für die Gruppe. Im Unterrichtskontext ist dies meist die Lehrkraft. Für eine positive Unterrichtsgestaltung ist es für Sie wichtig, mehr als Gegenüber und weniger als Gegner der Gruppe wahrgenommen zu werden.

3. **Die Beta-Position**: Darüber hinaus definiert Schindler eine Beta-Position, die er auch den Experten nennt. Der klassischen Nummer zwei kommt die Aufgabe der Beratung und Unterstützung der Alpha-Position zu. Das Verhältnis dieser beiden Positionen ist oft ambivalent. Auf der einen Seite brauchen sie sich gegenseitig. Die Anführerin braucht den Berater, um ihre Position zu legitimieren und zu führen, und der Experte nimmt erst durch die Alpha-Person eine herausragende Position in der Gruppe ein. Auf der anderen Seite ist die Beta-Position häufig die Rolle des klassischen Königsmörders, der potentiell in der Lage ist, die Alpha-Position einzunehmen und somit eine Bedrohung für die Führungspersönlichkeit darstellt.

Häufig besetzen Personen mit sich distanzierendem, aggressiv-entwertendem, helfendem, bestimmend-kontrollierendem und sich beweisendem Kommunikationsstil die Beta-Position. Bei besonders dominanten Personen in der Alpha-Position kommt es auch vor, dass Menschen mit einem selbstlosen Kommunikationsstil diese Position einnehmen.

4. **Die Gamma-Position**: Als viertes beschreibt Schindler die Position des einfachen Gruppenmitglieds. Diese Position ist am häufigsten durch mehrere Teilnehmer besetzt. Gruppenmitglieder in der Gamma-Position identifizieren sich mit der Sicht der Alpha-Position und folgen dieser. Sie arbeiten zu, unterstützen und leisten die „Drecksarbeit" ohne eigenen Führungsanspruch. Sie sind die eigentliche Hausmacht der Alpha-Position. Ohne Gamma-Personen ist eine Gruppe nicht arbeitsfähig. Allerdings ist ihr Einfluss auf die Gruppendynamik eher gering.

   Diese Position wird meist von Menschen ausgefüllt, die eher einen passiven Kommunikationsstil an den Tag legen. Hier kommen der bedürftig-abhängige, der selbstlose, der sich beweisende und der sich distanzierende Kommunikationsstil in Frage.

5. **Die Omega-Position**: Als Omega-Position beschreibt Schindler eine Position, die oft den Gegenpart zu Alpha einnimmt. Diese Position hat häufig die Aufgabe des Korrektivs in einer Gruppe. Personen in der Omega-Position habe eine unabhängige Außensicht, insbesondere auf die G-Position. Meist sind diese Menschen in der Gesamtgruppe in einer Außenseiterrolle. Sie legen den Finger in die Wunde, zeigen Missstände und stellen Sichtweisen in Frage. Meist werden sie als Störfaktoren wahrgenommen. Dabei sind sie oft Frühindikatoren für problematische Entwicklungen innerhalb der Gruppe. Sie übernehmen stellvertretend für die gesamte Gruppe das kritische Hinterfragen und sprechen unterschwellige Konflikte aus. Wenn solche Personen als Störfaktor entfernt werden, ohne dass die angesprochenen Themen geklärt sind, findet sich häufig nach kurzer Zeit eine neue Person, die diese Position übernimmt, bis die eigentlichen Probleme geklärt sind.

   Unter gewissen Umständen kann die Hierarchie in einer Gruppe aber auch kippen. Wenn sich eine kritische Masse von Gamma-Personen innerhalb eines Gruppengefüges nicht mehr ausreichend von der

Führungsperson vertreten fühlt, dann kann diese gestürzt werden und zum Beispiel durch seinen Gegenspieler in der Omega-Position ersetzt werden.

Typische Kommunikationsmuster für diese Position sind zuerst der bestimmend-kontrollierende Stil, aber auch der sich distanzierende und der aggressiv-entwertende Kommunikationsstil.

Das Wissen um diese Strukturen kann für eine Lehrkraft von großem Nutzen sein. Um eine Gruppe von Schülern oder Teilnehmerinnen für sich zu gewinnen, ist es besonders wichtig, die Person in der Alpha-Position, also den Wortführer für sich zu gewinnen. In der Beziehungsbildungsphase ist hierauf also ein ganz besonderer Augenmerk zu richten. Gewinnt man den Wortführer, hat man in der Regel die gesamte Gruppe für sich gewonnen.

Gelingt dies nicht, so liegt der Schlüssel für eine bessere Beziehung zwischen Lehrkraft und Klasse in der Beta- oder in der Omega-Position. Durch gezieltes Stärken dieser beiden Positionen kann eine Lehrkraft auf die Gruppendynamik Einfluss nehmen und sie möglicherweise zu ihren Gunsten verändern. Dies sollte jedoch mit Vorsicht geschehen. Kommt die Klasse zu dem Schluss, dass die Lehrkraft manipuliert und intrigiert, ohne ihre Beweggründe offenzulegen, kann dies zu einer Stärkung der Alpha-Position und somit zur Schwächung der Position der Lehrkraft führen.

Wenn ich diesen Weg in schwierigen Klassen wähle, dann tue ich dies meist explizit. Das heißt, ich kritisiere die Position des Wortführers und unterstütze Argumente der Experten oder der Gamma-Position. Dies tue ich sachlich und weise auf die negativen bzw. positiven Auswirkungen auf die Gruppe hin. So stärke ich Schülerinnen und Schüler in der Gamma-Position, die möglicherweise den Argumenten des Gegenparts oder der Beta-Position gegenüber aufgeschlossen sind, sich aber nicht trauen, offen zu opponieren. Bisweilen wird dadurch die kritische Masse erreicht, die zum Kippen der Gruppendynamik notwendig ist.

4. Zusammenfassung

In den vorangegangenen Kapiteln habe ich Ihnen dargelegt, wie sich Beziehungen entwickeln, welche Bedeutung diese für die Arbeit einer Lehrkraft haben. Bildung ist nur über tragfähige und vertrauenswürdige Beziehungen möglich. Deshalb ist die Beziehungsgestaltung das Fundament für erfolgreiche Unterrichtsgestaltung.

Was Sie dabei beachten sollten habe ich Ihnen nun noch einmal in 10 Punkten zusammengefasst:

1. Seien Sie sich bewusst, dass die Beziehung, die Sie zu Ihren Schülerinnen und Schülern aufbauen, die Grundlage für erfolgreiche Wissensvermittlung darstellt. Haben Sie deshalb ein besonderes Augenmerk auf Ihre Beziehungsbildung.

2. Erkennen Sie Ihren Anteil an der Beziehungsbildung. Dazu ist es wichtig, dass Sie Ihre typischen Beziehungsmuster kennen und wissen, wie sich diese auf die Beziehungsbildung im Unterricht auswirken.

3. Nutzen Sie Ihre Stärken. Die meisten Kommunikationsstile sind durchaus sinnvoll im Unterricht einzusetzen. Bemühen Sie sich darum, ihre Stärken so einzusetzen, dass sich daraus verlässliche und vertrauenswürdige Beziehungen entwickeln können.

4. Erkennen Sie Beziehungsangebote und gestalten diese positiv. Ihre Schülerinnen und Schüler werden Ihnen ebenfalls Beziehungsangebote machen. Wenn es Ihnen gelingt, diese bewusst zu reflektieren und angemessen zu reagieren, schaffen Sie eine gute Grundlage für Vertrauen. Aber Vorsicht! Nicht jedes Beziehungsangebot ist für den Unterrichtskontext geeignet. Achten Sie also genau darauf, welche Angebote Sie annehmen.

5. Bleiben Sie echt. Nichts ist schädlicher für Ihre Arbeit als Lehrkraft als der Verlust der Glaubwürdigkeit. Wenn Ihre innere Haltung nicht mit

Ihren äußeren Handlungen übereinstimmt kommt es in der Regel zu widersprüchlichen Signalen. Diese gefährden Ihre Überzeugungskraft.

6. Seien Sie Ihren Schülern und Schülerinnen gegenüber zugewandt und wohlwollend. Ihre innere Einstellung wird sich, ob Sie wollen oder nicht, in Ihrer Kommunikation widerspiegeln. Es ist deshalb besonders wichtig, dass Sie die Stärken jeder Person im Blick behalten, und Stärken hat jeder Mensch, egal wie schwierig sich die Beziehung zu ihm gestaltet.
7. Gestalten Sie die Beziehung aktiv. Bemühen Sie sich um Pacing und Leading, versuchen Sie sich in Ihren Gegenüber hineinzuversetzen, auch wenn es manchmal schwer fällt und glauben Sie nicht zu früh, ein Muster bei Ihrem Gegenüber erkannt zu haben. Wir alle sind facettenreich und lassen uns nicht auf ein Muster reduzieren.
8. Machen Sie sich klar, dass Sie es im Unterricht nicht nur mit einer Person, sondern mit einer Gruppe zu tun haben. Achten Sie auf gruppendynamische Aspekte und versuchen Sie diese für eine optimale Unterrichtsgestaltung zu nutzen.
9. Respektieren Sie die Grenzen Ihres Einflusses, und bleiben Sie sich selbst treu.
10. Und zu guter Letzt: Versuchen Sie Spaß bei Ihrer Arbeit zu haben. Menschen positive Impulse zur Lebensgestaltung zu geben oder sie gar auf ihrem Lebensweg ein Stück zu begleiten gehört nach meiner Auffassung zu den dankbarsten und erfüllendsten Tätigkeiten, die es gibt. Genießen Sie dies auch in schwierigen Situationen.

Teil 3: Anhang

Bearbeitungshinweise zu den Übungen:

Übung 1.1

Vor allem Jugendlichen aus unsicheren Familienverhältnissen trauen Beziehungen nicht. Sie haben zu häufig die Erfahrungen gemacht, dass Sie sich auf vermeintliche Stützen nicht verlassen können.

Solche Menschen begegnen dem Angebot für tragfähige und wohlwollende Beziehungen skeptisch. Durch provokantes Verhalten testen sie häufig die Grenzen des Wohlwollens.

Wichtig ist es in solchen Situationen nach meiner Erfahrung, eine wohlwollende Grundhaltung zu halten, aber auch Grenzen zu setzen. Die Grenzen sollten jedoch klar als Konsequenz aus dem Verhalten der Schülerinnen und Schüler erkennbar sein, eine pauschale Abwertung der Person sollte vermieden werden. So bleibt trotz konsequentem Verhalten die tragfähige Beziehung erhalten. Meine Erfahrung ist, dass Personen, die die Beziehung zur Lehrkraft getestet und für tragfähig befunden haben langfristig aktiv und engagiert am Unterricht teilnehmen. Sie bemühen sich dann, ihren Beitrag zur Aufrechterhaltung der Beziehung zu leisten.

Übung 2.1

In den folgenden Abschnitten finden Sie einige Hinweise darauf, was zu einer vollständigen Definition von Kommunikation gehört.

Übung 3.1

Hier ein kurzer Überblick ohne Anspruch auf Vollständigkeit:

verbale Kommunikation:

Landessprache, Dialekt, Fachsprache, Umgangssprache, Wortwahl, Wahl der Satzstruktur im Bezug auf Länge, Grammatik etc.,

paraverbale Kommunikation:

Lautstärke, Sprachgeschwindigkeit, Deutlichkeit, emotionale Färbung bzw. Tonfall, Betonungen, Pausen, etc.

nonverbale Kommunikation:

Mimik, Gestik, Blickkontakt, Körperhaltung bzw. Spannung, Nähe und Distanz zwischen den Gesprächspartnern, Positionierung im Raum, Bewegungen, etc.

extraverbale Kommunikation:

Kleidung, Statussymbole, Gesprächssetting, Timing, Kontext, Umgangsformen bzw. Rituale etc.

Übung 3.2:

Die Wortwahl dieser Aussage zeigt eine sehr defensive Grundhaltung. Sie finden eine Reihe von Möglichkeitsformen und andere Hinweise auf ein mögliches schlechtes Gewissen ihrer Kollegin. Aus der Botschaft ist herauszuhören, dass sie allem Anschein nach ein schlechtes Gewissen wegen der Bitte gegenüber Ihnen hat. Wenn Sie aus dem Gesamtkontext keine andere Begründung, wie eine bekannte generelle Unsicherheit Ihrer Kollegin, eine aktuell besonders hohe Arbeitsbelastung ihrerseits oder ähnliches, ableiten können, liegt die Vermutung nahe, dass eine Vertretung in dieser Klasse sicher kein Zuckerschlecken wird.

Übung 3.3

Viele Menschen sind unangenehm berührt, wenn sie ihre eigene Stimme auf Tonband oder in einem Video hören. Dies hängt meist damit zusammen, dass sie sich selbst nicht wiedererkennen. Wenn wir uns unmittelbar selbst sprechen hören, wird der Klang nicht nur über die Schallwellen in der Luft, sondern auch durch Schwingungen im Knochenapparat des Schädels übertragen. Dadurch entsteht eine andere Stimmlage, als wenn wir uns nur über Schallwellen hören würden. Die Aufnahme entspricht also dem, was Ihre Gesprächspartner von Ihnen hören.

Tiefe Stimmlagen wirken oft vertrauenserweckend, hohe Tonlagen als schrill und unsicher.

Wenn Sie selbst unsicher sind, wie Ihre Stimme auf Andere wirkt, fragen Sie doch einfach mal ein paar Menschen Ihres Vertrauens. Neben den Menschen, die Sie gut kennen, wäre es auch hilfreich, Menschen zu fragen, die Sie noch nicht so gut kennen und damit unvoreingenommen sind. Ein solches Feedback ist durchaus sinnvoll und hilfreich, auch wenn es nicht immer angenehm ist.

Übung 3.4:

Die Variation des Tonfalls schriftlich zu beschreiben ist sicher nur begrenzt möglich. Dennoch habe ich versucht einige Merkmale zusammenzustellen, die Ihnen diese Aufgabe erleichtern:

„So kann es nicht weitergehen!"

Wütend: laut, schnelle Sprachgeschwindigkeit, starke Veränderungen in der Tonhöhe, Stimmlage von tief nach hoch verändern

Verzweifelt: eher leise oder sehr laut, langsame Sprachgeschwindigkeit, weinerlicher Tonfall, hohe Stimmlage, gepresste Stimme

Verständnisvoll: normale Lautstärke und Sprachgeschwindigkeit, Tonlage meist von tief nach hoch und wieder nach tief, häufig verbunden mit starker Betonung eines Wortes, zum Beispiel „kann"

Ängstlich: leise, wiederholt kurze Pausen, gepresste Stimme, meist monotone Stimmlage

Übung 3.5:

Lehrkräfte nutzen ihre Stimme täglich. Dennoch legen sie selten viel Aufmerksamkeit in die Stimme. Das Vortragen von Gedichten schult beim

Einsatz der Stimme. Tragen Sie doch einmal vor dem Spiegel, vor Ihrer Klasse oder vor Menschen in Ihrem persönlichen Umfeld ein Gedicht vor. Üben Sie sich dabei vor allem im Einsatz der Stimme. Setzen Sie bewusst Betonungen und Pausen, nutzen Sie Tonlage und Sprachgeschwindigkeit und reflektieren dabei, welche Wirkung dies hat.

Ebenfalls interessant kann es sein, Reden bekannter und begnadeter Redner, wie Martin Luther King, John F. Kennedy, Barack Obama, Franz Josef Strauß, aber auch Adolf Hitler oder Joseph Goebbels mal unter diesem Gesichtspunkt zu analysieren. Eine Vielzahl von Beispielen dazu finden Sie im Internet.

Übung 3.6:

Folgende Emotionen lassen sich den acht Gesichtsausdrücken zuordnen:

	Freude		Angst
	Überraschung		Trauer
	Wut		Ekel
	Interesse		Verachtung

Übung 3.7

Hier einige Interpretationshinweise für die Gesten, die im Bild dargestellt werden:
Die Person links erhebt drohend den Finger der linken Hand. Sie sieht sich im Recht und vertritt dieses aggressiv gegenüber ihrem Gesprächspartner. Die Drohung wird durch Mimik und Körperhaltung noch verstärkt. Ihre rechte Hand hält die linke ihres Gesprächspartners fest, um seine Bewegungs- und Reaktionsfähigkeit zu bremsen. Er duldet keinen Widerspruch.

Die Person rechts im Bild zeigt ihrem Gesprächspartner „den Vogel" und sagt ihm damit, dass sie seine Meinung nicht teilt. Mehr noch: Sie hält die Äußerung für völlig abwegig und lehnt sich gegen den Versuch der Dominanz auf. In Ansätzen zu erkennen ist, dass die linke Faust geballt ist, ein Zeichen für Anspannung und drohende Aggression.

Die Beziehung zwischen diesen beiden Personen ist am Überkochen, d.h. es fehlt nicht mehr viel, bis echte Handgreiflichkeiten drohen. Inhaltlich vertreten sie Positionen, die unvereinbar sind, aber das Hauptproblem ist die völlig aus dem Ruder gelaufene Beziehung. Längst ist die Auseinandersetzung zu einem Machtkampf geworden, in dem die Inhalte nur noch eine untergeordnete Rolle spielen.

Übung 3.8

Die Haltung der beiden dargestellten Personen lässt sich wie folgt interpretieren:
Die Person links im Bild ist völlig verschlossen. Weit zurückgelehnt, sich vor den drohenden An- oder Eingriffen in ihre Persönlichkeit, schützt sie sich durch einen Schutzpanzer aus verschränkten Armen und Beinen. Die Schultern sind hochgezogen bzw. der „Kopf eingezogen". Weiter kann diese Person sich körperlich nicht mehr zurückziehen, ohne aufzustehen und zu gehen. Sicher fürchtet die Person Angriffe oder hat bereits solche erfahren. Tiefes Misstrauen und Angst bestimmt die Beziehung zu ihrem Gesprächspartner.

Dieser zeigt sich offener. Er ist nach vorne gelehnt und die Beine sind seinem Gesprächspartner gegenüber offen. Dennoch verschränkt auch er die Beine als Zeichen dafür, dass er ebenfalls die Anspannung und Verschlossenheit der Situation wahrnimmt. Der Blick ist offen auf sein Gegenüber gerichtet, der Kopf leicht nach oben geneigt. Dies zeigt Sicherheit und Offenheit. Ganz sicher ist er sich in der Situation jedoch nicht. Zum Schutz ist die rechte Hand vor dem Hals, einer potentiellen Schwachstelle für Angriffe, positioniert. Der Griff ans Kinn signalisiert wiederum Interesse.

Übung 4.1

Eine detaillierte Aufschlüsselung darüber, welche bereits besprochenen Inhalte in das Modell übernommen werden können, finden Sie in den der Übung folgenden Ausführungen. Hier soll noch einmal ein Überblick über die verschiedenen Aspekte gegeben werden:

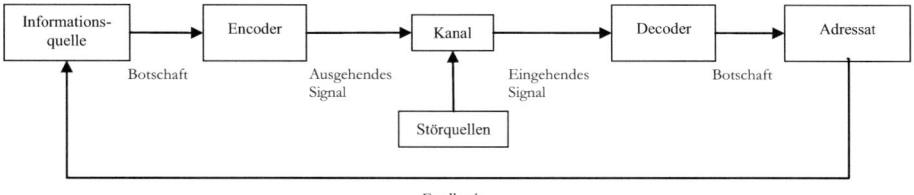

Informationsquelle: Gehirn, Bewusstsein des Senders

Encoder: Wahrnehmungs- und Kommunikationsmuster, Sprachorgan, Muskulatur

Informationsquelle + Encoder: Sender

Kanal: verbales, paraverbales und nonverbales Kommunikationssystem

Adressat: Gehirn, Bewusstsein des Empfängers

Decoder: Wahrnehmungs- und Kommunikationsmuster, Sinnesorgane

Decoder und Adressat: Empfänger

Übung 4.2

Das aufgeführte Beispiel zeigt, wie die selektive Wahrnehmung zweier Personen sich gegenseitig verstärken und so eine neue, intersubjektive Wirklichkeit schafft. Mit mehr Informationen oder einer zusätzlichen Perspektive einer dritten Person könnte das Gesamtbild sich schon wieder stark verändern. Der Konstruktivismus geht davon aus, dass es deshalb so etwas wie eine objektive Wirklichkeit nicht gibt.

Das hier angeführte Beispiel kann im Extremfall dazu führen, dass die Erwartungshaltung dieser beiden Lehrkräfte den Schüler in ein Beziehungsmuster drängt, dass er selbst möglicherweise gar nicht gewählt hätte. Möglicherweise wird er aber wie bei einer selbsterfüllenden Prophezeiung zunehmend in der erwarteten Unhöflichkeit rebellieren und somit das gewonnene Bild bestätigen. Im ungünstigen Fall wird ein Jugendlicher aufgrund von zwei unglücklichen Situationen in seiner neuen Klasse in eine Rolle gedrängt, die weniger mit ihm, als mit der intersubjektiven Wirklichkeit zweier Lehrkräfte zu tun hat.

Übung 4.3:

Immer dann, wenn wir auf sehr grundlegende Beziehungsmuster aus unserer Kindheit und Jugendzeit zurückgeworfen werden, neigen wir besonders stark zu subjektiven Interpunktionen. Dies gilt für die Kommunikation mit unserer Ursprungsfamilie (Eltern, Geschwister, Großeltern) aber auch mit unserer Kernfamilie (Partner und Kinder). Darüber hinaus gibt es gewisse Typen von Menschen, die uns besonders herausfordern. Gerade in Konfliktsituationen neigen wir dann dazu, unserem Gegenüber die Verantwortung für die Eskalation zuzuweisen.

Übung 4.4:

Die Erläuterung zur Übung finden Sie auch im nächsten Abschnitt des Textes: Dozenten und Lehrerinnen befinden sich in der Regel beruflich in komplementären Beziehungen. Gerade Schüler im Kindes- und Jugendalter wissen dies oft sehr genau. Manche Lehrer neigen dazu, sich um symmetrische Beziehungen zu ihren Schülern zu bemühen. Dabei werden sie aber von Ihren Schülern selten ernst genommen, weil diese Bemühungen der tatsächlichen Beziehung nicht entspricht. Es ist also für Dozentinnen sinnvoll, sich entsprechend klar in der komplementären Beziehung zu positionieren, was aber nicht heißt, dass man nur autoritär unterrichten soll.

Übung 4.5

Sachinformation: „Die Lichtzeichenanlage zeigt ‚freie Fahrt' an."
Beziehungshinweis: „Du-Beziehung, Sender und Empfänger haben eine enge persönliche Beziehung."; „Du reagierst langsamer als ich."; „Ich traue Dir nicht zu, dass Du die Situation richtig überblickst." „Ich muss Dich kontrollieren." „Ich habe schlechte Erfahrungen mit Deinem Fahrstil."
Selbstoffenbarung: „Ich bin ungeduldig." „Ich will selbst ans Steuer."; „Ich habe es eilig."; „Du fährst mir zu langsam."
Der Appell: „Fahr los!"; „Du kannst jetzt bitte fahren."

Übung 5.1:

Das beste Beispiel für Komplementarität ist die Ironie. Hier haben verbale und nicht verbale Signale häufig eine gegenseitige Bedeutung, in der Gesamtsicht wird die Ironie aber verständlich. Hier zeigt sich die Komplexität menschlicher Kommunikation. Weitere Situationen, in denen eine Art Komplementarität erkennbar wird, sind zum Beispiel, wenn Kinder als ungeübte Lügner versuchen, etwas zu verheimlichen, oder bei Sarkasmus und schwarzem Humor.

Übung 5.2:

Die typischen Begrüßungsrituale bei Jugendlichen sind häufig Synchronisationsversuche. Andere Beispiele sind das soziale Lächeln, das Nicken des einen Kommunikationspartners, in das der andere mit einstimmt, gemeinsames Lachen oder die Annäherung der Körperhaltung, zum Beispiel der Sitzhaltung aneinander. Auch leicht erkennbar ist das Wechseln in einen Slang oder einen Dialekt in entsprechenden Kontexten.

Übung 6.1:

Besonders interessant ist die Analyse von Kommunikationsmustern mit Menschen, die Ihnen sehr nahestehen. Hier werden Sie selbst am stärksten in wiederkehrende Beziehungsmuster verstrickt sein und am deutlichsten die Beziehungsangebote Ihres Gegenübers wahrnehmen. Dies betrifft die Familie, aber auch Menschen, mit denen Sie zum Beispiel lange zusammenarbeiten oder Schüler die Sie schon lange betreuen.
Sollten Sie bei der Selbsteinschätzung Schwierigkeiten haben, fragen Sie doch einmal die Menschen in Ihrem direkten Umfeld nach Ihren typischen Kommunikationsmustern.

Übung 6.2:

Zusammenfassend lässt sich sagen, dass die allermeisten Aspekte Ihrer Erwachsenenkommunikation bereits in Ihrer Kindheit angelegt wurden. Dies gilt für den Einsatz wie auch für die Interpretation von verbaler, paraverbaler, nonverbaler und extraverbaler Kommunikation, aber auch für die vier Seiten einer Botschaft. Zum Beispiel wird das Beziehungsangebot an einen unbekannten Gesprächspartner sehr stark von der frühkindlichen Prägung beeinflusst. Ausgehend von den Beziehungen, die wir in unserer Kindheit geführt haben, bauen wir heute unsere Beziehungen mit anderen Menschen auf.

Auch Watzlawicks Axiome entsprechen dieser Erkenntnis. Das wir unsere Wirklichkeit intersubjektiv konstruieren, die Beziehungsebene die Metaebene zur Sachebene darstellt, dass wir entweder symmetrische oder komplementäre Beziehungen eingehen, dies sind alles Aspekte, die wir bereits sehr früh mit unseren Bezugspersonen erlernen.

Was das Sender-Empfänger-Modell betrifft, wird vor allem das De- bzw. das Encodierungssystem durch die frühkindliche Erziehung geprägt.

Übung 6.3:

Nun gilt es die Punkte den jeweiligen Stilen zuzuordnen. Statt der Antworten aus dem Fragebogen finden Sie in der folgenden Tabelle jeweils die passenden Kommunikationsstile zu den jeweiligen Antwortmöglichkeiten. Übertragen Sie Ihre Punktzahlen aus den fünf Fragen zunächst eins zu eins in die unten stehende Tabelle. Dann können Sie die Punkte für die einzelnen Kommunikationsstile zusammenzählen und erhalten so einen Überblick, welcher Kommunikationsstil bei Ihnen am stärksten ausgeprägt ist.

Frage 1	**Punkte**
Am besten fühle ich mich mit folgenden Adjektiven beschrieben:	
a) aggressiv-entwertend	
b) helfend	
c) bedürftig-abhängig	
d) sich beweisend	
e) selbst-los	
f) sich distanzierend	
g) mitteilungsfreudig-dramatisierend	
h) bestimmend-kontrollierend	
Frage 2	
Ich finde mich häufig in folgenden Situationen wieder:	
a) sich beweisend	

b) bedürftig-abhängig

c) helfend

d) mitteilungsfreudig-dramatisierend

e) selbst-los

f) sich distanzierend

g) bestimmend-kontrollierend

h) aggressiv-entwertend

Frage 3

Folgende Aussagen könnten auch von mir sein:

a) bestimmend-kontrollierend

b) mitteilungsfreudig-dramatisierend

c) bedürftig-abhängig

d) helfend

e) sich distanzierend

f) aggressiv-entwertend

g) sich beweisend

h) selbst-los

Frage 4

Im Umgang mit Anderen lege ich Wert auf…

a) bestimmend-kontrollierend

b) helfend

c) aggressiv-entwertend

d) mitteilungsfreudig-dramatisierend

e) bedürftig-abhängig

f) sich distanzierend

g) selbst-los

h) sich beweisend

Frage 5

Wenn die Dinge nicht so laufen, wie ich mir das vorstellen, dann …

a) aggressiv-entwertend

b) bestimmend-kontrollierend

c) helfend

d) bedürftig-abhängig

e) selbst-los

f) sich beweisend

g) sich distanzierend

h) mitteilungsfreudig-dramatisierend

Kommunikationsstil	Punktzahl
Bedürftig-abhängiger Stil	
Helfender Stil	
Selbst-loser Stil	
Aggressiv-entwertender Stil	
Sich beweisende Stil	
Bestimmend-kontrollierender Stil	
Sich distanzierender Stil	
Mitteilungsfreudig-dramatisierender Stil	

Übung 6.4 bis 6.11:

Sie werden sicher feststellen, dass gewisse Kommunikationsstile, die zu Ihrem eigenen Muster passen, auch in Ihrem Umfeld häufiger anzufinden sind als andere. Dennoch ist die Wahrscheinlichkeit groß, dass Sie in Ihrem weiteren

Umfeld für jeden Kommunikationsstil typische Vertreter oder Vertreterinnen finden.

Häufig ist es aber auch so, dass einer Person auch mehrere Kommunikationsstile zuzuordnen sind, je nachdem, in welchem Kontext sich diese Person bewegt. Welche Menschen in Ihrem persönlichen Umfeld zu welchen Stilen neigen, können Sie allerdings nur selbst reflektieren. Nutzen Sie für die Analyse die Beschreibungen der einzelnen Kommunikationsangebote im Text.

Übung 7.1:

Die Beantwortung der Fragen des Reflexionsfragebogens ist naturgemäß sehr individuell. Diese mit Hilfe anhand allgemeiner Hinweise zu überprüfen, ist dementsprechend schwierig. Ich will mich deshalb hier nur auf einige Bearbeitungshinweise beschränken.

Nutzen Sie zunächst die Ergebnisse früherer Übungen vor allem zu den Kommunikationsmustern. Fragen Sie außerdem Menschen, die Ihnen nahestehen, Sie also gut einschätzen und eine ehrliche Rückmeldung geben können. Aber auch Menschen, die Sie noch nicht so lange kennen, aber ein gewisses Feingefühl für andere Menschen haben, können bei der Bearbeitung dieser Übung hilfreich sein.

Übung 7.2:

Die beschriebene Lehrkraft neigt zu einem helfenden Kommunikationsstil, mit der sie jedoch in dieser Gruppe an ihre Grenzen stößt. Die Schüler haben den Kommunikationsstil erkannt und nutzen diesen für sich aus. Über die Mitleidschiene begeben sie sich in die Rolle des bedürftig-abhängig Kommunizierenden. Zunächst glaubt die Lehrkraft, mit Ihrem Stil erfolgreich zu sein, weil sie eine scheinbar vertrauensvolle Beziehung aufgebaut hat. Tatsächlich nehmen die Schüler diese Lehrkraft als schwach und manipulierbar wahr und nutzen dies aus.

In diesem Kontext wäre es besser gewesen, einen bestimmend-kontrollierenden oder aggressiv-entwertenden Kommunikationsstil an den Tag zu legen, um sich Autorität zu verschaffen. Gelingt dies, kann man solang in eine tragfähigere Beziehung wechseln, solang die Schüler die Autorität der Lehrkraft nicht in Frage stellen. Konsequenz vor allem im Bezug auf Belohnung und Bestrafung bleibt aber das oberste Gebot.

Übung 8.1:

Grundsätzlich lässt sich sagen, dass Muster, die aus einer sehr frühen Phase Ihres Lebens stammen und sich somit bereits vielfach bewährt haben, schwerer zu verändern sind als solche, die Sie sich erst später angeeignet haben. Denn vor allem in schwierigen Beziehungen und Konflikten neigen wir dazu, aus Mangel an Alternativen auf altbekannte und bewährte Muster zurückzugreifen, auch wenn wir eigentlich wissen, dass diese Reaktionsweise im aktuellen Kontext nicht zielführend ist.

Übung 9.1:

In den der Übung folgenden Abschnitten werden Sie einige Erläuterungen zu den einzelnen Aspekten guter Beziehungsbildung finden. Hier soll zunächst eine reine Aufzählung als Überblick genügen:

- Authentizität
- Ehrlichkeit
- Respekt für das Gegenüber
- Interesse und Neugier für den Anderen
- Einfühlungsvermögen
- Eine möglichst große Palette an Kommunikationsmustern, auf die man nach Bedarf zurückgreifen kann

Diese Liste hat keinen Anspruch auf Vollständigkeit, zeigt aber auf, dass es bei der Beziehungsbildung weniger um Techniken als um Einstellungen geht.

Übung 9.2:

Die Verhaltensweise des Schülers ist entweder auf den aggressiv-entwertenden oder auf den bestimmend-kontrollierenden Kommunikationsstil zurückzuführen. Wenn Sie nun mit einem Machtkampf oder deutlichen Zurechtweisungen reagieren, sorgen Sie entweder für eine Eskalation oder Bedenken und Vorbehalte aus der Gruppe werden in Zukunft nicht mehr verbalisiert. In diesem Fall ist die Wahrscheinlichkeit groß, dass Sie die Gruppe mittelfristig verlieren. Sie können zwar weiter unterrichten, aber Sie bringen Ihren Schülerinnen und Schülern nichts mehr bei.

Die neue Perspektive erlaubt es Ihnen die Beiträge inhaltlich ernst zu nehmen, ohne auf die Beziehungsangebote einzugehen. Fragen Sie die anderen Schüler und Schülerinnen, ob sie die Sichtweise ihres Klassenkameraden teilen und reagieren Sie entsprechend. Wenn es sich um eine Einzelmeinung handelt, werden Sie mit dieser Haltung die anderen Teilnehmer schnell auf Ihre Seite bringen können und so den Störer freundlich, aber bestimmt in seine Grenzen weisen können. Tragen einzelne oder sogar die Mehrheit der Schüler diese Position, dann sollten Sie darüber nachdenken, wie Sie Ihr Beziehungsangebot oder die Inhalte an den Bedarf und den Wissensstand Ihrer Zuhörer anpassen können.

Übung 9.3:

Der Perspektivenwechsel stellt die wohl größte Herausforderung an unsere Selbstreflexion dar. Er fordert uns dazu auf, die eigenen Kommunikationsmuster und somit die Beiträge zur aktuellen Situation möglichst ehrlich zu überdenken und eigene Anteile zu erkennen. Die alte Weisheit „Zum Streiten gehören immer zwei." gilt nämlich auch hier.

Sicher ist es oft so, dass Sie von Ihren Schülerinnen und Schülern in eine Rolle gedrängt werden, die Ihnen vielleicht gar nicht behagt, aber auch dieses Unbehagen kann Teil des Beziehungsmusters werden.

Das Hineinversetzen in die Situation meines Gegenübers eröffnet eine neue Perspektive und macht das Gegenüber vom Gegner zum Menschen, eine wichtige Voraussetzung für Deeskalation. Sie können danach möglicherweise besser verstehen, warum sich Ihr Kontrahent so verhält, wie er es eben tut. Dies bedeutet noch nicht, dass Sie diesem Bedürfnis nachkommen müssen. Aber auch wenn Sie feststellen, dass Ihre Schüler zum Beispiel andere Beschäftigungen viel interessanter findet als Hausaufgaben, wird es Ihnen leichter fallen, souveräner und respektvoller zu reagieren, als wenn Sie sich persönlich ignoriert fühlen.

Übung 10.1:

Es sieht so aus, als würde es in einen kleinen Ferienclub auf die Kanaren gehen. Die Tochter freut sich, da ihre Wünsche erfüllt wurden. Der Vater schaut zufrieden, da er sich durchgesetzt hat. Die Mutter ist traurig und der Sohn sauer. Entscheidend ist in diesem Fall der Vater, der sich mit der Tochter solidarisiert hat. Dies ist auch daran zu erkennen, dass sie einander zugewandt sind. Der Sohn nimmt sich aus der Familie raus, indem er sich abwendet und die Körperhaltung verschließt. Er ist beleidigt. Die Mutter macht einen traurigen Eindruck. Sie hat sich mit ihrem Wunsch nicht durchsetzen können und wirkt resigniert.

Anhand dieser kleinen Übung können Sie sehen, wie viel man aus einer einzigen Momentaufnahme lesen kann, wenn man nur die Körpersprache der vier Beteiligten liest. Ich bin mir sicher, dass Ihnen noch eine Reihe weiterer Assoziationen einfallen, wenn Sie sich das Bild noch einmal genauer anschauen. Erlauben Sie sich beim Lesen der Körpersprache Ihrer Mitmenschen ruhig ein wenig Interpretationsspielraum. Sie werden nicht immer richtig liegen, aber mit ein bisschen Übung eine durchaus hilfreiche und interessante Informationsquelle erschließen.

Übung 10.2:

Mit den erarbeiteten Inhalten dieses Buches sollten Sie in der Lage sein, Ihr Kommunikationsverhalten realistisch zu reflektieren. Beobachten Sie im Rahmen Ihrer Arbeit doch einmal, wie Sie auftreten, welche Reaktionen Sie üblicherweise bei Ihren Schülerinnen und Schülern hervorrufen und wie sich daraus Beziehungen entwickeln.

Die zusammengetragenen Informationen können Sie nutzen, um Ihr eigenes Kommunikationsverhalten besser auf die Unterrichtssituation anzupassen.

Übung 11.1:

Gruppendynamik ist ein wichtiger Aspekt für Lehrkräfte. Es gibt verschiedene Einordnungssysteme, um Gruppen zu beurteilen. Ich habe für dieses Buch ein System gewühlt, dass die Gruppe nach ihrer Bereitschaft zur Mitarbeit einordnet. Ich unterscheide hier drei Gruppen. Welche das sind, können Sie in den nächsten Abschnitten lesen.

Literaturverzeichnis:

genutzte Medien:

Richard Bandler und John Grinder: Neue Wege der Kurzzeit-Therapie – Neurolinguistische Programme. Junfermann. Paderborn, 1985.

Der Neue Brockhaus. 6. Auflage. F.A. Brockhaus. Wiesbaden, 1979. Band 3.

Gerald Hüther: Brainwash – Einführung in die Neurobiologie für Pädagogen, Therapeuten und Lehrer. DVD. Auditorium Verlag. Mühlheim, 2006.

Friedemann Schulz von Thun: Miteinander reden 2 – Stile, Werte und Persönlichkeitsentwicklung. Differentielle Psychologie der Kommunikation. Rowohlt. Reinbek, 1989.

Claude Shannon/Warren Weaver: The mathematical theory of communication. University of Illinois Press. Urbana, 1949.

Botho Strauß: Der Untenstehende auf Zehenspitzen. Hanser. München, 2004, S.41.

Daniel Stern: Die Lebenserfahrung des Säuglings. Klett-Cotta. Stuttgart, 1992.

Paul Watzlawick, Janet H. Beavin und Don D. Jackson: Menschliche Kommunikation - Formen, Störungen, Paradoxien. Huber. Bern, 1969.

genutzte Internetseiten:

http://www.schulz-von-thun.de/index.php?article_id=71

weiterführende Literatur:

Robert Dilts: Strukturen subjektiver Erfahrung. Ihre Erforschung und Veränderung durch NLP. Junfermann. Paderborn, 1994.

Rainer Krause/Jörg Merten: Affekte, Beziehungsregulierung, Übertragung und Gegenübertragung. in: Zeitschrift für Psychosomatische Medizin und Psychoanalyse, 42/1996. Vandenhoeck & Ruprecht. Göttingen, 1996.

Niklas Luhmann: Soziale Systeme. Grundriß einer allgemeinen Theorie. Suhrkamp. Frankfurt am Main, 1984.

Albert Mehrabian: Nonverbal Communication. Walter De Gruyter Inc. Chicago, 1972.

Samy Molcho: Alles über Körpersprache. Sich selbst und andere besser verstehen. Mosaik. München, 2002.

Verginia Satir: Selbstwert und Kommunikation. Verlag J. Pfeiffer. München, 1975.

Friedemann Schulz von Thun: Miteinander reden 1. Störungen und Klärungen. Allgemeine Psychologie der Kommunikation. Rowohlt. Reinbek, 1981.

Friedemann Schulz von Thun: Miteinander reden 3. Das 'innere Team' und situationsgerechte Kommunikation. Rowohlt. Reinbek, 1998.

Arist von Schlippe/Jochen Schweitzer: Lehrbuch der systemischen Therapie und Beratung. Vandenhoeck & Ruprecht. Göttingen, 1996.

i want morebooks!

Buy your books fast and straightforward online - at one of world's fastest growing online book stores! Environmentally sound due to Print-on-Demand technologies.

Buy your books online at

www.get-morebooks.com

Kaufen Sie Ihre Bücher schnell und unkompliziert online – auf einer der am schnellsten wachsenden Buchhandelsplattformen weltweit! Dank Print-On-Demand umwelt- und ressourcenschonend produziert.

Bücher schneller online kaufen

www.morebooks.de

VDM Verlagsservicegesellschaft mbH
Heinrich-Böcking-Str. 6-8   Telefon: +49 681 3720 174   info@vdm-vsg.de
D - 66121 Saarbrücken   Telefax: +49 681 3720 1749   www.vdm-vsg.de

Printed by Books on Demand GmbH, Norderstedt / Germany